falter 32

Wolfgang Held

Vier Minuten Sternenzeit

Leben mit den kleinen und großen
Rhythmen der Zeit

Verlag Freies Geistesleben

Diesem 32. falter liegen Aufsätze zugrunde, die Wolfgang Held in den Jahren 2000 bis 2003 für das Lebensmagazin *a tempo* schrieb. Sie erscheinen hier in erweiterter Form.

3. Auflage 2020

Verlag Freies Geisteleben
Landhausstraße 82, 70190 Stuttgart
www.geistesleben.com

ISBN 978-3-7725-1432-6

 auch als eBook erhältlich

© 2006 Verlag Freies Geistesleben
& Urachhaus GmbH, Stuttgart
Konzeption: Jean-Claude Lin / Gestaltung: Thomas Neuerer
Umschlagfoto: Wolfgang Schmidt, Ammerbuch
Druck und Bindung: GGP Media GmbH, Pößneck
Printed in Germany

Inhalt

Vorwort	7
Wie lange dauert ein Augenblick?	9
Das Gleichgewicht der Gegenwart	13
Wenn Rhythmen nicht aufgehen – oder: Von der Zeit «zwischen den Jahren»	17
Wie lange dauert die Gegenwart?	20
Geschwindigkeit und Herzrhytmus	24
Vier Minuten Sternenzeit	27
Der «Rahm» des Tages – oder: Von der morgendlichen und abendlichen Erkenntnis	31
Mit dem Abend beginnt der neue Tag	35
Die Obertöne des Tageslaufs – oder: Der Sinn des Mittagschlafs	38
«Die unendlichen Augen, die die Nacht in uns öffnet»	41
Die Sechzehntelnote im Tageslauf	45
Wann geht etwas in «Fleisch und Blut» über?	49
Die Vergangenheit rückt immer näher	53
Sprünge in die Zukunft	57
Das Jahr. Der Wechsel der Seele vom Entdecker zum Philosophen	61
Vom kleinen und großen Rhythmus des Willens	65
Ein Atem – länger als ein Jahr	68

Der Rhythmus der menschlichen Geburten	71
Die Zahl der Zeit	75
Die Zahl der Vollständigkeit	79
Der Mondknotenzyklus und die Nähe des höheren Ichs	84
Saturn und die Langsamkeit	88
Die langen Stunden im Winter	91
Sonnenrhythmen	95
Die Spanne der Aufmerksamkeit	97
Der Bogen des Tageslaufes	101
Der Zusammenklang von Erde, Mond und Sonne	105
Die doppelte Verzögerung der Sonne	108
Jedes Jahr ist anders – vor allem nach 2160 Jahren	112
Die irdische und kosmische Woche	116
Jetzt steht jeder am Bug der Zeit	120
«Wassermannzeitalter» – Was heißt das?	124
Krise und Aufbruch – Vom Rhythmus der Sonnenflecken	128
Das menschliche Maß der Planetenriesen	133
Der aufrechte Gang und das Weihnachtsfest	137
Die zwei Sonnenwenden der Weihnachtszeit	141

Vorwort

«Ich bin eigentlich ganz anders, ich komme nur selten dazu.» Ein Satz, der zum Schmunzeln anregt, aber auch ein Satz, der sein Ziel nicht verfehlt. Denn was der österreichische Dichter *Ödön von Horváth* vor hundert Jahren aufschrieb, scheint heute aktueller denn je.

Nichts entscheidet so gravierend über den Erfolg der eigenen Persönlichkeitsentwicklung wie das persönliche Verhältnis zur Zeit. Waren im 20. Jahrhundert Zeitratgeber der Wirtschaft und dem Management vorbehalten, so stellt sich heute für jeden Einzelnen die Gretchenfrage: «Wie hältst du es mit der Zeit?»

Der Pionier der modernen Rhythmusforschung, Gunther Hildebrand, formulierte bereits in den 80er Jahren: «Jeder Mensch befindet sich heute in einem chronobiologischen Zeitkonflikt.» Heutiges Kultur- und Arbeitsleben bedeutet, dass wir häufig im Widerspruch zu unseren organischen Rhythmen leben und dadurch die eigene Vitalität fortwährend schwächen. Natürlich weiß jeder, dass es nicht darum gehen kann, der hohen Lebensgeschwindigkeit auszuweichen. Die Frage heißt nicht, wie wir dieses «Leben auf Kosten der eigenen Rhythmen» verhindern können, sondern wie wir der heutigen Arrhythmie gewachsen sind und schließlich zu deren souveränen und musikalischen Gestaltern werden.

Die Gestaltung und Gliederung der Zeit bedeutet im Bereich des Lebens über kurz oder lang immer *Rhythmus*.

Um zu neuen Rhythmen in der eigenen Lebensgestaltung zu kommen, lohnt es sich, die vielen bestehenden Rhythmen und inneren Qualitäten des Zeitlaufes kennen und erfahren zu lernen. Auf diese Weise gewinnen wir eine Verwandtschaft mit der Zeit und kämpfen nicht gegen sie, sondern die Zeit selbst wird zu unserem Verbündeten, weil sie unser Werkzeug wird.

Das vorliegende Buch *Vier Minuten Sternenzeit* will für diesen Weg des Kennen- und Nutzenlernens der Zeit Streifzüge durch die kleinen und großen Rhythmen des Lebens anbieten und Anregungen geben, selbst zum Zeitforscher, selbst zum Schöpfer bisher unbekannter kleiner und großer Rhythmen zu werden.

Wolfgang Held

Wie lange dauert ein Augenblick?

Nimmt man die Frage wörtlich, so lautet die Antwort «sechs Sekunden». Dies ist die Zeitspanne, in der durchschnittlich die Augenlider einmal blinzeln. Sie fahren blitzschnell über die Augen, verteilen die Tränenflüssigkeit neu, reinigen die Augenoberfläche und sorgen für eine kurze Abschattung, eine Unterbrechung des Sehens. Doch dieser Bruchteil einer Sekunde Pause im Sehen ist entscheidend, weil dadurch das Sehen rhythmisch gegliedert wird. Während wir mit geöffneten Augen in die Welt schauen und uns damit von uns selbst lösen, weil wir mit den Sehstrahlen durch die geöffneten Augen hindurch draußen bei den Erscheinungen sind, bringt uns der Lidschlag zu uns selbst zurück. Er hilft uns beispielsweise von der Anteilnahme, dem staunenden Aufnehmen wieder Distanz zu gewinnen, beim selbstvergessenen Anschauen das Urteilsvermögen zu behalten.

Der Rhythmus des Lidschlages ist nicht nur bei jedem Menschen verschieden, er variiert außerdem je nach Tätigkeit und innerer Befindlichkeit. So kann er sich beschleunigen und so schnell wie der Atemrhythmus werden, das heißt, dass sich alle drei Sekunden die Lider senken, oder er kann sich auf wenige Male pro Minute verlangsamen. Letzteres ist beispielsweise in einer andachtsvollen oder kontemplativen Stimmung der Fall, während in einer hitzigen Diskussion oder bei Unsicherheit die Lidschlag-Periode hektisch werden kann.

Ein Selbstversuch, bei dem man mit häufigem Blinzeln in die Natur schaut oder ein Gemälde betrachtet, zeigt unmittelbar, dass eine bestimmte Zeitspanne ununterbrochenem Schauens notwendig ist, damit ein Eindruck gefühlsmäßig ausgelotet werden kann. Zu häufiges Blinzeln verhindert, dass wir uns Neuem mit Anteilnahme zuwenden können.

Sei es Autofahren, die Arbeit am PC oder das Lesen, immer ist unser Auge mit dem Aufnehmen von Informationen beschäftigt, ist intellektuell herausgefordert. Als Ausgleich ist es ratsam, das Auge auch träumen zu lassen, das heißt, sich von Farben und Formen überwältigen zu lassen. Um das Gelb eines blühenden Rapsfeldes oder die Farbnuancen eines Sonnenuntergangs, einer Gebirgslandschaft genießen zu können, müssen die Augen ruhig werden. Dies geschieht scheinbar von selbst, sobald wir uns einem solchen Eindruck unbefangen und konzentriert zuwenden.

Die Seele gestaltet die zeitlichen Abläufe des Körpers so, wie es für ihre Tätigkeit sinnvoll ist. Der Leib wird – so hat es der Arzt und Kosmologe Walter

Bühler ausgedrückt – zum Instrument der Seele. Der Lidschlag ist eine Art Atem der Seele. So wie bei andachtsvoller Stimmung das Blinzeln ruhig wird, nimmt dessen Frequenz bei intellektueller Tätigkeit, wenn wir uns beispielsweise in einer fremden Gegend zurechtfinden wollen oder wenn wir einen verlorenen Gegenstand suchen, zu.

In dem Theaterstück *Das Leben des Galileo Galilei* lässt Bertolt Brecht den italienischen Astronomen seiner Haushälterin erklären, wie die Planetenbewegung heliozentrisch vorzustellen sei. Zur Demonstration setzt er sie auf einen Drehstuhl und versetzt diesen daraufhin in Rotation. Als sie nach den Phänomenen gefragt ihn verständnislos anschaut, braust er auf mit den Worten: «Du sollst nicht glotzen, du sollst schauen!» Damit ist gemeint, dass das Gesehene nur dadurch verstanden werden kann, indem wir uns nach einer Zeit des Betrachtens davon kurzzeitig abwenden. Der unmittelbare Eindruck tritt zurück – es entsteht Raum für das Denken.

Nach jedem Blinzeln schauen wir wieder neu in die Welt. Das Blinzeln im Rhythmus von sechs Sekunden summiert sich jeden Tag zu 5.000-mal Neu-Sehen. Der Lidschlag ist deshalb der «kleine Bruder» des Schlafes, wie dieser als der kleine Bruder des Todes bezeichnet wird. Im Blinzeln «stirbt» der kontinuierliche Sehvorgang, aber gerade das macht ihn menschlich. So wie wir durch die Nachtruhe uns selbst neu finden und erfrischt die Welt mit neuen Augen anschauen können, so erneuert jeder Lidschag unsere Augen, beziehungsweise unser Sehen.

Das Zublinzeln ist nicht ohne Grund eine der charmantesten Arten der Begrüßung, weil mit dem Augenzwinkern die beschriebene Erfrischung nicht uns selbst, sondern dem Gegenüber zugedacht wird.

Nach jedem Blinzeln schauen wir wieder neu in die Welt.

Das Gleichgewicht der Gegenwart

«Lernen Sie das Gesunde am Kranken verstehen!» Dieser Hinweis Rudolf Steiners gilt auch, wenn es darum geht, unser Verhältnis zur Zeit zu erfassen: Es gehört zu den schwerwiegendsten Schädigungen des menschlichen Zeiterlebens bzw. des Menschseins überhaupt, wenn das Gedächtnis gestört ist. In milder Form ist diese Beeinträchtigung verbreitet. Viele Menschen bemerken nach einer Gehirnerschütterung, dass ihr Gedächtnis Lücken aufweist. Sie können sich nicht an Geschehnisse erinnern, die unmittelbar mit der Verletzung zusammenhängen. Für das eigene Empfinden ist die betreffende Zeitspanne nicht existent. Sie kann nur durch fremde Schilderungen annähernd belebt werden. Für unser Gegenwartserlebnis ist dieses Stück fehlender Vergangenheit allerdings unerheblich. Weitaus folgenschwerer ist, wenn durch eine Gehirnblutung die Merkfähigkeit vollständig verloren geht. Neue Eindrücke oder auch persönliche Gedanken und Empfindungen können dann nicht mehr im Gedächtnis verankert werden. Nur für die Zeitspanne des Ultrakurzzeitgedächtnisses – und das sind kaum mehr als 20 Sekunden – bleibt ein Eindruck in der Seele bestehen.

Es legt sich der Schleier des Vergessens über alles Wahrgenommene. Sei es der Blick auf die Uhr oder aus dem Fenster, um nach dem Wetter zu sehen, oder der Telefonanruf eines Bekannten, der seinen Besuch ankündigt, spätestens nach zwanzig Sekunden ist bei Verlust der Merkfähigkeit alles vergessen. Dies gilt auch für die Vorfreude auf den Besuch, denn schon kurz nach dem Anruf ist der Grund der Freude aus dem Bewusstsein entschwunden. Man wird die fröhliche Stimmung, deren Anlass man nicht mehr kennt, als scheinbar unbegründete Launenhaftigkeit abtun. Das Erschütternde ist, dass sich durch den Verlust der Vergangenheit auch die Zukunft verschließt, denn wenn man nichts im Gedächtnis halten kann, dann verliert man neben der Vergangenheit auch all das aus dem Sinn, was uns mit unserer Zukunft verbindet. «Zukunft hat Herkunft» ist die viel zitierte Formel für diese Erkenntnis.

Wie ist das zu verstehen? Mit jedem Wunsch, den wir hegen, jedem Plan, den wir fassen, setzen wir uns mit der Zukunft auseinander. Wir werfen eine geistige Angel in die Zukunft und holen sie in die Gegenwart. Der Werbespruch eines Finanzdienstleisters: «Jetzt an die Zukunft denken», ist gut gewählt, weil in ihm weitaus mehr als bloße wirtschaftliche Vorsorge steckt. Für den Menschen gehört zum «Jetzt» immer auch die Zukunft. Jeder Entschluss, aber auch jede Hoffnung, verweisen auf sie. In jedem Augenblick entstehen auf diese Weise Keime, aus denen Zukunft sprießt. Doch damit sie wachsen können, zu Quellen unseres Handelns werden, müssen wir sie bewahren können – und das verlangt Gedächtnis. Es klingt widersprüchlich: Mit dem Verlust der Erinnerungsfähigkeit können wir uns an unsere eigene Zukunft nicht mehr erinnern.

Man könnte meinen, dass man durch die erwähnte Behinderung – befreit von Erinnerungen und Zukunftsvisionen – ungestört die Gegenwart genießen könnte, aber das Gegenteil ist der Fall. Unser Jetzt wird nur durch die Anwesenheit von Vergangenem und Zukünftigem reich. Indem wir frühere Erlebnisse verarbeiten und neu verstehen lernen, lassen wir die Vergangenheit in der Gegenwart lebendig werden und indem wir neue Ziele stecken, denken wir nicht nur an die Zukunft, sondern erzeugen sie.

Ein zweiter Widerspruch liegt in Folgendem: So sehr es richtig ist, dass Vergangenheit und Zukunft unsere Gegenwart bereichern, so gilt auch, dass diese beiden Zeitströme die Gegenwart überschwemmen und auslöschen. Vergangenheit und Zukunft erscheinen für das Gegenwartserleben wie zwei Waagschalen. Sind sie im Gleichgewicht, so fühlen wir uns in der Gegenwart «zuhause». Sobald allerdings eine dieser Schalen überwiegt, fällt es schwer, sich auf den Augenblick einzulassen. Ein

Beispiel aus der Kindheit: Die Erwartung auf die Weihnachtsbescherung kann regelrecht einen Zorn auf die störende Gegenwart entstehen lassen, die als Wartezeit zwischen mir und den Geschenken steht. Es können aber auch Zukunftssorgen sein, welche die Gegenwart überschatten oder die nostalgische Erinnerung einer glücklicheren Vergangenheit. Wer solchen Empfindungen ausgesetzt ist, spürt, dass in Zukunft und Vergangenheit eine jeweils eigene Kraft wohnt, die in der menschlichen Seele übermäßiges Gewicht gewinnen kann, wenn das uns eigene Mittelmaß nicht immer wieder von uns selbst hergestellt wird.

Dem Sternbild der Waage steht im Tierkreis der Widder gegenüber. In fast allen Abbildungen wird der Schafbock in eigentlich untypischer Körperhaltung dargestellt: Er sitzt der im Jahreslauf ziehenden Sonne zugewandt und wendet den Kopf in die entgegengesetzte Richtung. Damit wird er zum Bild des Gleichgewichts im Zeitlichen, der Balance zwischen Vergangenem und Zukünftigem.

Indem wir – gleich dem Widder – zurückblickend der Zukunft zugewandt sind, wird unsere Gegenwart reich.

Wenn Rhythmen nicht aufgehen – oder: Von der Zeit «zwischen den Jahren»

Der Lauf von Sonne und Mond findet sich in unserer Zeitrechnung elementar wieder. Im Rhythmus eines Jahres wandert die Sonne durch den Tierkreis und im Lauf eines Monats wechseln die Phasen des Mondes. So verschieden Sonne und Mond sind, so verschieden äußern sie sich auch in unserer Zeitgliederung. Während das Jahr streng am Sonnenlauf orientiert ist und jede der vergangenen Kalenderreformen dazu diente, diese Übereinstimmung von Sonnenlauf und Jahreslauf zu verbessern, läuft der Mond nicht synchron mit dem Monat. Neu-, Halb- und Vollmond fallen nicht immer auf das gleiche Datum eines Monats. Von Vollmond zum nächsten Vollmond sind es im Durchschnitt 29,5 Tage, während ein Sonnenjahr 365 Tage umfasst. So wie die einzelnen Tierkreisbilder den Sonnenlauf räumlich in zwölf Gebiete teilen, so gliedert der Mond zeitlich das Jahr in zwölf Teile – aber eben nicht genau, wie die Rechnung zeigt:

Ein Sonnenumlauf: 365 Tage
12 Mondumläufe: 12 x 29,5 Tage = 354 Tage
Rest: 11 Tage

Der zwölfte Teil des Jahres sind fast 30 Tage, weshalb die Monate im Wechsel 30 und 31 Tage lang sind. Die Ausnahme bildet aus historischen Gründen der August: In der Amtszeit des Kaisers Augustus wurde der nach ihm benannte Monat zulasten des Februars von 30 auf 31 erweitert. Jeder Monat ist dadurch im Mittel einen Tag länger als der tatsächliche Mondzyklus, sodass sich jeden Monat die Mondphasen im Durchschnitt einen Tag früher ereignen. Ein Beispiel: Der erste Neumond im Jahr 2000 war am 6. Januar, an Dreikönig. Monat für Monat ereignet sich der Neumond nun einen Tag früher: vom 6. Januar über den 1. und 31. Juli, 29. August, 27. Oktober und schließlich auf den 25. Dezember. Am 6. Januar und 24./25. Dezember eines Jahres herrschen die gleichen Mondstellungen, das zeigt die Beobachtung, aber auch die Rechnung, denn es liegen 354 Tage = 12 Mondumläufe dazwischen. Zum vollen Sonnenjahr bleibt ein Rest von 11 Tagen oder 12 Nächten übrig. In diesen Tagen und Nächten herrscht die Sonne gewissermaßen allein, weil der Mond seine Umläufe vollendet hat. Die Tatsache, dass die Sonne den Mond um 12 Nächte überbietet, weist auf die kosmische Seite der Weihnachtsfeiertage. Sowohl nach christlicher als auch germanischer Überlieferung wurde das Winter-Jahresfest der «wihen nahten», der «heiligen geweihten Nächte» immer als eine geschlossene Festzeit «zwischen den Jahren» von

12 Nächten empfunden. Wer in dieser Zeit Spaziergänge bei klarem Nachthimmel unternimmt und beobachtet, wie mit fortschreitender Nacht die hellsten Sterne des Jahres den Himmel erobern und sich in der verschneiten Landschaft unzählige Male spiegeln, wird empfinden können, dass der Kosmos, die geistige Seite der Natur, uns in dieser Zeit nahe ist. Es ist außerdem bemerkenswert, dass gerade innerhalb dieser zwölf Nächte, zwischen Heiligabend und Dreikönige, die Sonne durch das hellste Sternenfeld des Tierkreises wandert. Zu keiner anderen Zeit ist die Sonne so sehr von hellem Sternengefunkel umgeben – oder besser: umkränzt – wie während dieser zwölf Tage. Während im Äußeren die Finsternis dominiert, strahlt um die Sonne unsichtbar das Sternenlicht als Bild des geistigen Lichtes.

Zeitspannen, wie die zwölf heiligen Nächte, die dadurch entstehen, dass Rhythmen nicht vollständig ineinander aufgehen, sind besondere Freiräume, labile Zustände im rhythmischen Gefüge und deshalb herausragende Möglichkeiten des inneren Wachstums, beziehungsweise der Begegnung mit demjenigen, das über dem Rhythmus steht, dem Ewigen in sich und im Kosmos.

Wie lange dauert die Gegenwart?

Viele alltägliche Gebärden, wie das Händeschütteln, die Richtung zeigen oder auch ein begrüßendes Lächeln, dauern etwa 3 Sekunden. Bei einem durchschnittlichen Atemrhythmus von 20 pro Minute entspricht diese Dauer einem Atemzug. Außerdem spüren wir deutlich, wenn dies Zeitmaß überschritten wird, denn dann wirken die beschriebenen Regungen unnatürlich betont. Was hat es mit diesen 3 Sekunden auf sich?

Ein einfacher Selbstversuch, vorgeschlagen vom Zeitforscher Ernst Pöppel, führt in dieser Frage weiter: Man nehme ein Metronom (oder alternativ einen tropfenden Wasserhahn) und stelle es auf 60 Schläge pro Minute. In völligem Gleichmaß ertönt jede Sekunde ein Schlag. Ohne weiteres ist es uns möglich, das gleichförmige Klopfen mit «Wiener» Ohren als Dreivierteltakt zu hören, also subjektiv jedem dritten Schlag innerlich eine Betonung zu verleihen. Wählt man die langsamste mögliche Schlagzahl des Metronoms, nämlich 40 Schläge pro Minute, das heißt alle 1,5 Sekunden ein Schlag, fällt es deutlich schwerer, in dem monotonen Schwingen einen Walzer hineinhören zu können, weil 3 x 1,5 Sekunden bis zur nächsten Betonung die Atemspanne von

3 Sekunden deutlich übersteigt. Nur innerhalb dieser Spanne können wir selbstständig das Klopfen zu einem Takt, zu einer Gruppe von Schlägen zusammenfassen. Ohne uns erinnern zu müssen, wissen wir, wann wieder eine Betonung fällig ist, weil alle drei Schläge, obwohl sie nacheinander erklungen sind, im Geist des Menschen zu einer Gegenwart zusammengenommen werden. Im Gespräch gilt das gleiche Phänomen. Selbst ein längerer gesprochener Satz wird verstanden, ohne dass man sich an den Satzanfang aktiv erinnern muss. Das Nacheinander der Worte, ja sogar das Nacheinander der Silben integrieren wir zu einem überzeitlichen Ganzen. Dies wird allerdings mühsam, wenn Sprechpausen, vor allem an unpassenden Stellen, die Spanne von 3 Sekunden übersteigen.

Das Jetzt ist für das menschliche Empfinden nicht nur diese hauchdünne Grenze zwischen Zukunft und Vergangenheit, zwischen «sogleich» und «gerade eben», sondern es hat eine zeitliche Ausdehnung, die aber erst vom Menschen hervorgebracht wird. Die Sanduhr als Bild der Zeit taugt deshalb nur für die physikalische Zeit etwas. Die seelische Zeit fließt nicht kontinuierlich, sondern verläuft in einzelnen Wellen, in 3-Sekunden-Zeitpaketen. Das «Jetzt-Gefühl» ergibt sich dadurch, dass aufeinander folgende Ereignisse von uns zu Zeiteinheiten zusammengeschweißt werden.

Das Anschauen und Hören von Schauspiel, Tanz und Musik ist deshalb eine gute Schulungsmöglichkeit für das Zeitempfinden, weil in diesen Zeitkünsten Gegenwarten erschaffen werden, die länger als der Atem sind. Sei es der sich über viele Takte erstreckende Melodiebogen, der geschlossene Bewegungsablauf eines Tänzers oder der ein übersprachlich Ganzes bildende Monolog eines Schauspielers: jedes Mal entwickeln sich im Zuschauer oder Zuhörer *höhere Gegenwarten*. Schließlich kann ein ganzes Drama oder eine Symphonie in der Seele zu einer einzigen Gegenwart gewandelt werden.

In diesen höheren und umfassenderen Formen des Jetzt wird das allgegenwärtige Diktat von Ursache und Wirkung, von «darum ... weil» zurückgedrängt. Die Gesetze der Physik, der Kausalität verblassen – und plötzlich wird auf künstlerischem Weg erlebbar, dass auch der umgekehrte Fall denkbar ist, nämlich dass ein späteres die Ursache für ein früheres Geschehen ist. Konkret: Zwei Menschen leben nicht deshalb zusammen, weil sie sich einst kennen und lieben gelernt haben, sondern es gilt umgekehrt: Zwei Menschen mussten um des Zusammenlebens willen sich kennenlernen.

Unser physikalisch aufgeklärter Verstand verbietet uns zu Unrecht, so auf das Schicksal zu blicken, dass die Ursache zeitlich nach der Wirkung liegen kann. Wer die Wirklichkeit dieses umgekehrten Zeitstromes leugnet, wird nie den Zauber, die Weisheit erleben können, die bei allen Zufälligkeiten und bei aller Freiheit doch dem menschlichen Schicksal innewohnt.

Es gibt viele Menschen, die bei einem schweren Unfall wiederbelebt wurden und die diese Todesnähe bewusst durchgemacht haben. Ihre Beschreibungen decken sich in dem Erlebnis, dass das vergangene Leben als eine Art Panorama, als eine tableauartige Gleichzeitigkeit geschaut wird. Mögen Neurologen noch so oft zu erklären versuchen, dass dieses Phänomen allein darauf beruht, dass in diesem dramatischen Zustand der Sauerstoffmangel im Gehirn die gesamten Lebenserinnerungen freigibt, so ist diese höhere Gleichzeitigkeit doch übersinnlicher Natur, wie auch das gesteigerte Jetzt einer gelungenen Symphonie, Lesung oder eines Schauspiels, wodurch wir ein wenig dieser übersinnlichen Welt teilhaftig werden können.

Das Anschauen und Hören von Schauspiel, Tanz und Musik ist deshalb eine gute Schulungsmöglichkeit für das Zeitempfinden, weil in diesen Zeitkünsten Gegenwarten erschaffen werden, die länger als der Atem sind.

Geschwindigkeit und Herzrhythmus

«Tick, tick, tick, tick ...» So klang es während eines Sommers über viele Wochen in der Umgebung meines Büros. Die Bildhauerin Mirella Faldey hatte in Sichtweite einen offenen Holzschuppen bezogen und ihre Werkstatt aufgebaut. Sie fertigte vier Freilandskulpturen und hatte sich als Material den härtesten Stein ausgesucht: Granit. Für dessen Bearbeitung sind speziell gehärtete Stahlmeißel notwendig, die beim Schlagen einen hellen Ton von sich geben: «Ding, ding, ding». Nach vier Wochen hatte ich mich an das gleichförmige helle Klopfen gewöhnt, sodass es mit den anderen Geräuschen und Klängen der Landschaft verschmolz. Dann folgte eine Überraschung: An einem bestimmten Tag störte das Schlagen von neuem, aber stärker als am ersten Tag und machte mich zudem außerordentlich nervös und unkonzentriert. Ein Blick durchs Fenster zum Holzunterstand zeigte mir, dass aus der Bildhauerin vertretungsweise ein Bildhauer geworden war, der mit besonderem Eifer dem Stein zu Leibe rückte. Obwohl nicht lauter oder ungleichmäßiger, war sein Geklopfe dennoch kaum zu ertragen. Warum? Der Blick auf die Uhr führte zur Erklärung des Phänomens. Der «Aushilfsbildhauer» nutzte

170- bis 180-mal pro Minute den Meißel, also etwa drei mal pro Sekunde. Damit lag er, wie ich feststellte, deutlich über seiner Kollegin, die mit 140 bis 150 Schlägen pro Minute den Hammer in ruhigerem Tempo führte. Der Unterschied von 30 Schlägen mehr in der Minute scheint nicht beträchtlich, aber er ist dennoch entscheidend: Während der langsamere Rhythmus noch in sich schwingt und man ihm sogar etwas Musikalisches abgewinnen kann, wirkt der schnellere Rhythmus maschinell und zwingt uns in seinen Bann.

Dem beschriebenen natürlichen Empfinden, ab welcher Schlagzahl ein Rhythmus seine Leichtigkeit verliert, liegt ein elementarer menschlicher Rhythmus zugrunde: Neben dem Rhythmus des Herzschlages von etwa 75 Schlägen pro Minute gibt es einen zweiten, ungefähr doppelt so schnellen Herzrhythmus, der durch die Antwort der Blutgefäße auf den Herzschlag, ihr elastisches Abfedern des Pulses zustande kommt: Nach einem Pulsschlag breitet sich die Druckwelle vom Herzen über Schlagader und Arterien in den ganzen Körper aus. Von dem fein verästelten Gefäßsystem wird der Puls Richtung Herz zurückgeworfen und lässt daraufhin das Blut ein wenig zurückströmen. Da die Herzkammern nun geschlossen sind, kann das Blut nicht in sie zurückfließen, sondern brandet vom verschlossenen Herzen wieder in die Peripherie des Kreislaufsystems zurück. Auf jeden ursprünglichen Herzschlag folgt somit als Echo ein zweiter schwächerer Puls, der im EKG als kleinerer Wellenberg zu sehen ist. Das Blut schwingt nicht nur im Rhythmus des Pulses von 75 Schlägen, sondern außerdem in der doppelten Frequenz von etwa 150 Schwingungen pro Minute. Dieser Oberton des Blutes wird als arterielle Grundschwingung bezeichnet und ist der schnellste veränderliche Rhythmus im Körper.

Doch nicht nur im Blutkreislauf bildet die arterielle Grundschwingung eine zeitliche Grenze, sondern auch bei vielen menschlichen Verrichtungen ist sie eine zeitliche Schallmauer der Seele. Deshalb wird kaum jemand einen persönlichen Brief in der gleichen Geschwindigkeit wie eine beiläufig notierte Telefonnummer schreiben wollen und können. Um in die Schrift Persönlichkeit legen zu können, darf man nicht schneller schreiben als die Grundschwingung erlaubt. Auch der menschliche Gang spielt sich innerhalb dieser Grenze ab. Bei mehr als 150 Schritten pro Minute wird die Bewegung maschinenhaft und hektisch.

Während räumlich das Herz allein in der Brust schlägt, ist es zeitlich im Gehen, Schreiben, Händeschütteln, Handwerken und Musizieren zu finden – sofern es durch zu hohe Geschwindigkeit nicht herausgetrieben wird.

Vier Minuten Sternenzeit

Dass die Notwendigkeiten, die wechselnden Herausforderungen des heutigen Berufslebens und auch die Anforderungen des familiären Lebens zur aktuellen Rastlosigkeit beitragen, ist eine elementare Erfahrung. Eine Woche scheint im Fluge zu verstreichen. Man meint, dass Ruhe und Besinnung nur jenseits der alltäglichen Verrichtungen zu finden sind. Deshalb ist es nicht verwunderlich, dass beispielsweise an der internationalen Tourismusmesse in Hannover herausgestellt wurde, dass die Suche nach Ruhe und Zeit wichtigstes Motiv bei der Urlaubsplanung ist. Doch wenn man zu sehr auf die nächsten Ferien, das kommende Wochenende als Inseln der Ruhe schaut, verschließt man die Augen vor den kleinen Ruhezonen, die der gewöhnliche Tageslauf bietet.

Bahnschranken, die sich der Autofahrt in den Weg stellen, oder auch der verspätete Zug können in diesem Sinne einen interessanten Anlass der Selbstbeobachtung bieten: Was empfinden wir, wenn wir plötzlich zu warten haben? Stört uns die Bahnschranke, weil wir in Gedanken bereits am Zielort sind oder begrüßen wir die Fahrpause als, wenn auch zwangsweise verordnet, willkommene Auszeit? Sei es die Schlange von Einkaufswagen an der Kasse, das Warten an der Bushaltestelle oder im Vorzimmer des Arztes: Überall finden sich Situationen, die uns einladen, in die Dynamik des Tagesgeschehens Ruhe und Innerlichkeit zu bringen. Aus einer ärgerlichen Unterbrechung wird eine aktive Pause.

Der Arzt und Unternehmensberater Bernard Lievegoed stellte in einem Vortrag den merkwürdigen Vergleich auf, dass jeder Mensch wie eine Straßenbahn sei. Wie sie müsse jeder ab und zu an eine imaginäre Oberleitung andocken. Im Unterschied zu den Trams ist diese Leitung beim Menschen geistig und muss von ihm selbst gelegt werden. Sie besteht aus Fragen, Motiven und Ideen, die wir als geistige Schnüre unsichtbar unser Alltagsleben begleiten lassen. Durch immer wieder bewusstes Andocken verleihen wir ihnen Lebenskraft.

«Wie wünsche ich mir meine Umgebung in drei Jahren, worauf kommt es an?» – «Wie empfinde ich den Gedanken, dass Schmetterlinge losgeflogene, befreite Blüten sind?» – «Wie kann ich den Charakter dieses oder jenes Menschen beschreiben?» Das können Fragen sein, die in diesen Momenten der Konzentration aufgegriffen werden.

Nun ist geistiges und sinnliches Leben in einem Punkt gleich: Beides braucht Kontinuität und Wiederholung in der Hinwendung. So wie Pflanzen regelmäßig gegossen und mit Nährstoffen versorgt werden müssen, um zu gedeihen, müssen Fragen und Gedanken, wenn sie tatsächlich in uns leben und wachsen sollen, auch regelmäßig bewegt werden. Dafür sind die beschriebenen kurzen Wartezeiten gute Gelegenheiten.

Dabei muss die Dauer dieser meditativen Versenkung nicht lange sein. Konzentration und innere Ruhe können uns erstaunlich schnell aus den praktischen Notwendigkeiten und Pflichten des Alltags herausheben. Rudolf Steiner nennt als Richtschnur dieser geistigen Konzentration fünf Minuten. Ein ähnliches Zeitmaß spielt am Sternenhimmel eine besondere Rolle: Die Sonne braucht für ihren täglichen Umschwung von Ost nach Westen durchschnittlich 24 Stunden. Die Sterne wandern etwas schneller. Ihr täglicher Gang dauert nur 23 Stunden und 56 Minuten. Tag für Tag gehen die Sterne 4 Minuten früher auf. Jeden Tag lösen sich Sonne und Sternenwelt um diese Zeitspanne von 4 Minuten voneinander. Zwischen dem Ewigen der Sterne und der Sonne als Repräsentant des Lebens, des Zeitlichen und der Entwicklung entsteht ein zeitlicher Freiraum von 4 Minuten im Kosmos. Das ist diejenige Zeitspanne, die wir an Sternenzeit in unseren Alltag gießen sollten – und die nächste unfreiwillige Wartezeit kommt bestimmt, die uns die entsprechende Möglichkeit bietet.

Vielleicht wird eine zukünftige Verkehrsplanung, die sich an den seelischen Bedürfnissen orientiert, die Ampelschaltungen von den heutigen 2 auf 4 Minuten verlängern und das Signal zur Fahrt nicht allein durch Grün, sondern durch einen Ton signalisieren. So könnten Ampelkreuzungen zu Zeitorten der Meditation und Ruhe werden.

Zwischen dem Ewigen der Sterne und der Sonne als Repräsentant des Lebens, des Zeitlichen und der Entwicklung entsteht ein zeitlicher Freiraum von 4 Minuten im Kosmos. Das ist diejenige Zeitspanne, die wir an Sternenzeit in unseren Alltag gießen sollten.

Der «Rahm» des Tages – oder: Von der morgendlichen und abendlichen Erkenntnis

Mit dem Aufwachen am Morgen kommen wir «zu uns». Dies alltäglich wiederkehrende Geschehen scheint selbstverständlich und ist dennoch rätselhaft. Es stellt sich die Frage: Wo sind wir, *bevor* wir wieder bei uns sind? Wo ist unsere Persönlichkeit, ehe wir die Augen öffnen, Glieder strecken und wieder im Körper unser Selbstbewusstsein empfinden? Die Schlafforschung hat zwar gezeigt, welch komplexe Aktivität nachts den Leib durchzieht, aber sie kann kaum etwas über die nächtliche Existenz unseres Ichs sagen.

Ein zarter Anhaltspunkt ergibt sich jedoch jeden Morgen von neuem: sei es ein Problem, das uns am Abend beschäftigte, oder eine Sorge, die uns vor dem Einschlafen nicht losließ: am neuen Tag stellt sich – vielleicht von Müdigkeit verdeckt, aber doch wahrnehmbar – etwas Erleichterung und Sicherheit ein. Wie der Tau der Nacht die Pfanzendecke durchnässt und erfrischt, so haben am neuen Morgen Fragen und Zweifel des Vorabends von ihrer Last verloren und feine

Zuversicht als Geschenk der Nacht durchmischt die Bedenken. Wer dies aufmerksam beobachtet, entlarvt es als Irrtum, wenn man dieses Phänomen, diese Veränderung allein dem erfrischten und ausgeschlafenen Körper zuschreibt. Es ist unsere Persönlichkeit selbst, die gestärkt wurde, die nachts durch geistige Beratung und Inspiration gegangen ist. Die Volksweisheit, dass man Entschlüsse «durch die Nacht nehmen solle», untermauert diese Tatsache. Auch der Ausspruch «der Schlaf ist heilig», ist wörtlich zu nehmen: Nachts haben wir Anteil an der übersinnlichen Welt. Ein täglicher Gottesdienst, den wir verschlafen – bis auf die Schwellen, das Einschlafen und Aufwachen.

Die Ein- und Ausgänge der Nacht sind deshalb Momente besonderer geistiger Möglichkeiten. So wie wir am Abend aus dem Rückblick auf das Tagesgeschäft auf neue Fragen aufmerksam werden, so kann sich am Morgen eine erste Klärung einstellen. Abends besteht die Aufgabe darin, neue Fragen tatsächlich zu bemerken, der Morgen verlangt, die leisen Antworten, die sich in der Nacht entwickelt haben, bewusst zu erleben. Der Kirchenlehrer Thomas von Aquin (1225 – 1274) hat in dem Werk *Summa Theologia* beschrieben, wie ein Denken, das den Engeln ähnlich ist, sich abends und morgens unterscheidet: «Wie bei einem gewöhnlichen Tag der Morgen Ursprung des Tages ist und der Abend

Abschluss, so wird die Erkenntnis des ursprünglichen Seins der Dinge als *morgendliche Erkenntnis* bezeichnet. Diese liegt vor, sofern die Dinge im göttlichen Wort sind. Die Erkenntnis dagegen des Seins des geschaffenen Dinges, sofern es seiner eigenen Natur besteht, wird als *abendliche Erkenntnis* bezeichnet.» Modern formuliert heißt das, dass abendliches Denken uns zum Ergebnis, zum Endzustand einer Sache hinführt, während morgendliche Erkenntnis uns zurück an die Quelle bringt, an den Anfang einer Entwicklung.

Man kann es ausprobieren, indem man beispielsweise über eine menschliche Beziehung oder Freundschaft am Abend und am Morgen nachsinnt. Abends wachsen Überlegungen, warum das Verhältnis gerade diesen oder jenen Charakter besitzt, warum es gerade so geworden ist; morgens nimmt uns der Status quo der Beziehung nicht so gefangen, man spielt, fantasiert und schmiedet Pläne. Die morgendlichen Gedanken können uns leichter zum Ursprung, zum inneren Kern der Beziehung führen, vor allem dann, wenn die abendliche Vorarbeit geleistet wurde.

Großes Vorbild, früh und allein den Tag zu beginnen war sicher Goethe. Auf seiner italienischen Reise notierte er Folgendes, wobei er das Wort «Bemerkung» im eigentlichen Sinne, nämlich als «Beobachtung» gebrauchte: «Nun mache ich aber die Bemerkung, dass ich weder abends noch in der Nacht jemals gearbeitet habe, sondern bloß des Morgens, wo ich den Rahm des Tages abschöpfe, da denn die übrige Zeit zu Käse gerinnen mochte.»

Anzufügen ist, dass selbst wenn der Morgen nicht so leicht erobert werden kann, die Emanzipation von den Naturrhythmen es erlaubt, zu jeder Tageszeit Morgenstimmung zu verwirklichen. Aber am besten gelingt es naturgemäß morgens – und zwar im Frühling.

Abends besteht die Aufgabe darin, neue Fragen zu bemerken, der Morgen verlangt, die leisen Antworten, die sich in der Nacht entwickelt haben, bewusst zu erleben.

Mit dem Abend beginnt der neue Tag

Der Wechsel von einem Zustand in den anderen, von einer Lebensgestaltung in eine neue – diese Übergänge sind die interessantesten, die geistig aktivsten Momente des Lebens. Oft bemerken wir dies erst später, weil sich erst aus der sicheren Warte des neuen Lebensabschnittes offenbart, wie rege und geistig aktiv gerade die Zeit des Wechsels war. Was im Vollzug als Verunsicherung, als Krise erlebt wird, zeigt sich später als Phase besonderer Lebensintensität.

Diese Zwischenräume gibt es im Großen, beispielsweise als den Übergang vom Jugendalter zum Erwachsensein, von der Ausbildungszeit zum Berufs- und Familienleben oder als den Wechsel ins Alter, wenn die verschiedenen persönlichen und gesellschaftlichen Verantwortungen von den Schultern genommen werden. Doch nicht nur an diesen Wandlungsstellen scheint die Biografie sich zu verdichten, scheint sie den Atem anzuhalten. Auch im Kleinen ist die menschliche Zeit vielfach gegliedert, durch Zwischenräume und Atempausen rhythmisiert. Am regelmäßigsten geschieht dies durch den Wechsel von Tag und Nacht, von Wachen und Schlafen. Dieser Rhythmus bildet – vergleichbar den Taktstrichen eines

Musikstücks – den Grundschwung im menschlichen Leben. Wieder sind es die Übergänge zwischen diesen polaren Zuständen unserer Existenz, die einen besonderen Reiz besitzen.

So wie bei Sonnenauf- und Sonnenuntergang der Tageslauf den größten Farbreichtum entfaltet, ist es diese Zeit der Dämmerung, die uns besondere Möglichkeiten bietet. Vergleichbar der Natur, die mit der Abenddämmerung zur Ruhe kommt, sich abkühlt, verhält es sich mit dem Menschen. Puls und Atem werden ab dem späten Nachmittag langsamer, der Blutdruck sinkt gegen Abend, unsere Reaktionsgeschwindigkeit nimmt ab. Auch im Wärmehaushalt des Körpers geschieht eine entscheidende Wandlung: während die Temperatur an Stirn und im Körperinnern abnimmt, steigt sie an Händen und Füßen. So wie die Erde ihre Tageswärme in den Kosmos strahlt, wandert unsere Körperwärme ebenfalls in den Umkreis. Der Wärmeorganismus weitet sich und man ist deshalb stärker als am Morgen auf Wärmeschutz und Kleidung angewiesen.

Doch nicht nur der Wärmebedarf, bzw. die Kälteempfindlichkeit steigt am Abend, auch die Geräuschempfindlichkeit nimmt zu. Denn mit dem verschwindenden Licht weitet sich neben dem Wärmeleib auch unser Hörraum. Geräusche von fern dringen nun an das Ohr. Jedes Knacken im Haus oder Geräusch von der Straße wird aufmerksamer wahrgenommen. Diese Phänomene unterstreichen die Erfahrung, dass sich am Abend die Seele aus der Konzentration, der Fixierung des Tages löst und insgesamt weitet. Deshalb sind es gerade die Abendstunden, an denen wir besonders empfänglich sind für seelisch-geistige Anregungen. Sei es ein Konzert- oder Theaterbesuch oder Gäste beim Abendessen, ein kurzer Spaziergang oder eine interessante Lektüre: Zu keiner Tageszeit sind wir so befähigt neue Fragen zu entdecken, fremde Sichtweisen einzunehmen wie am Abend.

Ereignisse des Tages können nun noch einmal hervorgerufen werden. Während ein spannender Kriminalfilm «fesselt», können abendliche Kulturveranstaltungen, ein Konzert oder Theater dieses Großwerden der Seele unterstützen. Sie sind oft Katalysatoren, um aus den Ereignissen des Tages Gewinn zu schöpfen, und dies geschieht – es mag paradox klingen – in erster Linie durch Fragen. Die beste Frucht des Tages ist, wenn manch Erlebtes am Abend als ein Rätsel erscheint, ein wenig seiner scheinbaren Selbstverständlichkeit enthoben wird, denn am Beginn jeder neuen Entwicklung stehen Fragen an das Bestehende. Das gilt nicht für Zweifel und Skepsis, bei denen die Dinge unverbindlich in Frage gestellt werden. Gemeint sind die Fragen, die ein Ziel haben, die immer schon – auch wenn wir es nicht wissen – von der Antwort etwas in sich tragen.

Die Obertöne des Tageslaufs – oder: Der Sinn des Mittagsschlafs

Jede Klavier- oder Gitarrensaite, aber auch jede Luftsäule in einem Blasinstrument schwingt neben der ihr eigenen Grundschwingung zugleich in höheren Frequenzen. Neben dem Grundton klingen deshalb leise bestimmte höhere Töne, die sogenannten Obertöne, mit. Der erste und markanteste Oberton ist die Oktave. Sie entsteht, da eine Gitarrensaite – einmal angeschlagen – nicht nur als ganze vibriert, sondern auch kaum sichtbar in ihrer Mitte einen Knoten bildet und in zwei Spindeln schwingt, sodass mit dem Grundton der Saite auch die Oktave mitklingt.

Obertöne tauchen jedoch nicht nur in der Musik auf, sondern ebenfalls bei den meisten Rhythmen des Lebendigen. Viele rhythmische Körperfunktionen werden ihrerseits von Rhythmen untergliedert, die zwei-, drei- oder vielmal so schnell schwingen. So schlägt beispielsweise das Herz eines heranwachsenden Embryos im Mutterleib mit 120 bis 160 Schlägen pro Minute etwa doppelt so schnell wie das Herz der Mutter – das junge Herz schwingt in der Oktave mit dem Mutterherz zusammen. Die Oktave über der Oktave, also 1 : 4, liegt bei unserer Verdauung vor, denn auf jede vierte rhythmische Einschnürung des Magens folgt eine des Dünndarms. Magen und Darm klingen zusammen und stützen sich gegenseitig in ihrem Rhythmus. Zwischen Atmung und Puls liegt dasselbe vor: Die durchschnittlich 18 Atemzüge pro Minute und 72 Pulsschläge führen auch zum Verhältnis von 1:4. Ein höheres musikalisches Verhältnis, nämlich 1:6 (das entspricht der Quinte über der Doppeloktave), zeigt sich beim Rhythmus von Schlafen und Wachen. Vergleichbar den kaum wahrnehmbaren Obertönen schwingt mit dem normalen Schlaf-Wach-Rhythmus ein sechsmal so schneller Rhythmus. Alle vier Stunden, also jeweils nach einem Sechstel des Tages, tritt eine gewisse Müdigkeit ein.

Typischerweise sind es tagsüber die Zeiten 9, 13 und 17 Uhr, an denen unsere Schlaftendenz steigt: Um 9 Uhr ist es bei Frühaufstehern der zweite Kaffee und um 17 Uhr die englische «tea-time», die Entspannung und Anregung bringen und damit der Erholungstendenz des Organismus Rechnung tragen.

Besondere Bedeutung kommt allerdings der Mittagsruhe zu: Während gegen 11 Uhr morgens die größte körperliche und geistige Leistungsfähigkeit vorliegt, verschiebt sich die Aktivität des Organismus ab 12 Uhr zunehmend auf den Magen. 35 Millionen kleinster Drüsen werden aktiviert, um den Magensäurespiegel zu heben –

wir bekommen Hunger. Nach dem Mittagsessen konzentriert sich die Kraft des Organismus auf die Verdauung, die Durchblutung unseres Gehirns reduziert sich, wir fühlen uns müde und schlapp. Für das persönliche Zeitgefühl scheint der Tag zum Stillstand zu kommen. Zu dieser Zeit, ab etwa 13.30 Uhr, ist die Gefahr am größten, am Steuer des Fahrzeugs einzuschlafen oder sich durch Unaufmerksamkeit bei der Arbeit oder im Haushalt zu verletzen.

Es ist längst nachgewiesen, wie sehr – und sei es nur für zehn Minuten – der Mittagsschlaf zu unserer Leistungsfähigkeit beiträgt. Wir brauchen ihn nicht, um schweres Essen besser zu verdauen, sondern um den Tag-Nacht-Rhythmus zu stärken. Durch eine kurze Ruhephase am Mittag sorgen wir dafür, dass neben dem gewöhnlichen Tag-Nacht-Rhythmus auch noch ein doppelt so schneller Rhythmus, das heißt die Oktave schwingt und damit den Tagesrhythmus stützt.

Eine musikalische Gestaltung des Tageslaufes heißt im Sinne der Obertonlehre nicht nur, Nachmittagskaffee und zweite Frühstückspause zu pflegen, sondern auch einen kurzen Mittagsschlaf einzulegen. Dieser kann durchaus sitzend bei Tageslicht stattfinden: die Erholung, so Schlafforscher von der Universität von Pennsylvania, sei die gleiche – und das Problem der anschließenden Schläfrigkeit sei eine Frage der Übung.

«Die unendlichen Augen, die die Nacht in uns öffnet»

Der Schlaf gehört sicher zu den Rätseln unseres Lebens. Seien es körperliche Erschöpfung oder Gefühle und Gedanken, die sich fruchtlos im Kreis drehen oder in einer Sackgasse sitzen: durch den Schlaf werden wir erfrischt, werden seelische Knoten gelockert, eröffnen sich neue Perspektiven. Abend für Abend überantworten wir uns dieser bewusstlosen Daseinsform, um am Morgen wahrzunehmen, dass ohne unsere aktive Anteilnahme über Nacht eine Entwicklung, eine Erneuerung geschehen ist. Viele Facetten dieser Erneuerung bemerken wir überhaupt nicht. So wird beispielsweise jede Nacht das Immunsystem neu gestärkt. Auch bei geistigen Prozessen spielt der Schlaf eine wichtige Rolle – ja, wir lernen gewissermaßen im Schlaf.

Es klingt paradox, aber bei jedem Lernvorgang, bei dem es um die Entwicklung von Fähigkeiten geht, ist das Vergessen das Entscheidende. Eine zu Beginn bewusste Tätigkeit, die unsere volle Konzentration verlangt, verwandelt sich im Laufe des Lernens in eine unbewusste Fertigkeit – sie geht in «Fleisch und Blut» über.

Dass dem Schlaf bei der Aneignung von Fähigkeiten eine erhöhte Bedeutung zukommt, haben Wissenschaftler am Weizman-Institut (Israel) vor einigen Jahren experimentell bestätigt. Versuchspersonen wurden Strichmuster vorgelegt, in denen einige Linien links und rechts eine abweichende Orientierung hatten. Durch Übung gelang es, diese Unregelmäßigkeiten immer schneller zu erkennen, wobei nach dem Schlaf eine deutliche Steigerung dieser Fähigkeit beobachtet wurde. Nachts wurden die Lernenden dann systematisch geweckt, ein Teil während der Tiefschlafphase, die anderen während der Traumphase. Die Menschen mit Tiefschlafentzug zeigten nach wie vor am nächsten Morgen eine gesteigerte Fähigkeit. Die Personen mit «Traumentzug» zeigten keine Verbesserung. Andere Aufgaben erledigten sie aber gleich gut wie vor dem Schlafentzug, sodass Konzentrationsschwäche als Ursache ausschied. Während gestörte Tiefschlafphasen den Lernfortschritt nicht beeinträchtigen, waren Versuchspersonen mit gestörtem Traumleben deutlich in der Fähigkeitsbildung geschwächt. In Zeiten des Träumens verwandelt sich Gelerntes in Fähigkeit, so die Schlussfolgerung der Wissenschaft.

In diese Richtung weisen auch Tierversuche, bei denen sich die bei einem Lernvorgang aufgezeichneten Gehirnströme im Hippocampus, einer Region, die mit der Gedächtnisbildung zusammenhängt, nachts sehr ähnlich wiederholen. «Tagsüber Erlerntes wird nachts dem Langzeitgedächtnis eingeprägt», so die Erklärung der Wissenschaftler. Was wir tagsüber intellektuell aufnehmen, wird nachts dem Körper mitgeteilt, dadurch wird der Kopf wieder frei für Neues. Eine Pädagogik, die den ganzen Menschen ergreifen will, muss deshalb auch mit der Nachtseite des Menschen arbeiten.

Ein Beispiel aus einer Physikstunde: Die Stunde ist fast vorbei, da ergreift der Lehrer ein T-förmiges Gerät, an dem zwei Stahlkugeln befestigt sind. Auf Knopfdruck wird eine Kugel aus der magnetischen Halterung befreit und fällt nach unten, während gleichzeitig die andere zur Seite geschossen wird und in einem Bogen zu Boden fällt. Das Ergebnis: beide Kugeln erreichen exakt gleichzeitig den Grund. Erstaunte Blicke, erste Erklärungsversuche der Schüler, aber der Lehrer wiegelt ab und entlässt mit einem klassischen «Morgen-davon-mehr» die Schüler. Das Gesehene lebt nun als Rätsel während des ganzen Tages und vor allem in der kommenden Nacht weiter. Eine schnelle Erklärung hätte dem Rätsel das Leben genommen. Am nächsten Tag musste nicht mehr viel besprochen und erklärt werden, die Schüler hatten nachts im Schlaf das Problem weitgehend erfasst.

Angefangen von solchen Verständnisfragen bis zu

Lebensfragen und wichtigen Entscheidungen, der Nachtschlaf erweist sich als Inspirations- und Beratungsquelle jenseits des rationalen Tagesdenkens. Der Dichter Novalis hat dies in seinen *Hymnen an die Nacht* folgendermaßen ausgedrückt: «Himmlischer als jene blitzenden Sterne, dünken uns die unendlichen Augen, die die Nacht in uns geöffnet.»

In Zeiten des Träumens verwandelt sich Gelerntes in Fähigkeit.

Die Sechzehntelnote im Tageslauf

Bei jedem Artikel einer Zeitung, bei jeder Anzeige, die man zu sehen bekommt, wird man sich als Leser naturgemäß die Frage stellen, wie viel Aufmerksamkeit man den einzelnen gedruckten Dingen schenken will. Was überfliegt man, was liest und bedenkt man und in was versenkt man sich? Die Welt ist so vielschichtig und groß geworden, so reich an Erlebbarem, dass wir uns längst nicht mehr den Luxus leisten können, auf alles Acht zu geben. Der Überfluss an Information, die Vielfalt der Neuigkeiten, all dies fordert von uns die individuelle Beschränkung der Aufmerksamkeit. Wohl hundertmal am Tag beantworten wir uns mehr oder weniger bewusst die Frage: «Was liegt dir mehr am Herzen, dies oder das, was verspricht mehr Sinn oder Freude, was verdient eher Beachtung, jenes oder dieses?»

Je mehr zudem Werbung und Medien um unsere Aufmerksamkeit ringen, desto wichtiger wird die persönliche Auswahl dessen, worauf wir uns tatsächlich konzentrieren wollen. Dieses Verfahren bei der Wahrnehmung kann unversehens zur Quelle von Hektik werden, denn die Entscheidung, beispielsweise diesen Text zu lesen, bedeutet zugleich einen Verzicht auf vieles, ja unendlich vieles andere, das man stattdessen tun könnte. Was nun geschieht, ist naheliegend: Man bemüht sich, mit dem Text schnell fertig zu werden, um erneut frei wählen zu können, wohin die Aufmerksamkeit gelenkt werden soll.

Die Zeitforschung sowie die Lern- und Arbeitspsychologie haben in den letzten Jahren eine ganze Reihe von Rhythmen entdeckt, denen unsere Aufmerksamkeit unterliegt, denn Aufmerksamkeit bedeutet Anstrengung für den ganzen Körper, so dass naturgemäß nach einiger Zeit wieder Entspannung und Erholung notwendig ist. Der elementarste Rhythmus in dieser Hinsicht ist der Wechsel von Tag und Nacht, von Wachen und Schlafen.

Ein Grundgesetz des Rhythmus besagt, dass die Stärkung eines Poles zugleich auch den anderen Pol festigt. Dies gilt auch hier: Geistige Anspannung am Tag fördert einen tiefen Schlaf in der Nacht. Der Tagesrhythmus ist den Taktstrichen eines Musikstückes vergleichbar, denn so wie innerhalb eines Taktes kürzere Notenwerte erscheinen, schwingt neben diesem «Takt» unsere Aufmerksamkeit auch in kürzeren Zyklen des Tageslaufes.

Neben der Halbierung des Tages durch Schlafen und Wachen ist auch die Viertelung von jeweils etwa sechs Stunden vertraut: die Zeit der aufsteigenden Sonne von

Mitternacht bis Sonnenaufgang, anschließend bis zu ihrer Kulmination am Mittag und dann der absteigende Gang der Sonne bis zu ihrem Untergang und darauf die Zeit bis Mitternacht. Diese Zeitspannen werden gewöhnlich erneut halbiert, es entstehen die «Achtelnoten» des Tageslaufes in der Länge von drei Stunden: der Morgen (6 – 9 Uhr), der Vormittag (9 – 12 Uhr), der Mittag (12 – 15 Uhr), der Nachmittag (15 – 18 Uhr), der Abend (18 – 21 Uhr), der später Abend/frühe Nacht (21 – 24 Uhr), die Mitternacht (0 – 3 Uhr), die späte Nacht/früher Morgen (3 – 6 Uhr).

In gleicher Weise, wie in der Musik die Sechzehntelnoten gewöhnlich die kürzeste Unterteilung der musikalischen Zeit sind, ist nun 1,5 Stunden, also ein Sechzehntel des Tages, die kürzeste Grundschwingung der Aufmerksamkeit. Wenn wir an einer Veranstaltung teilnehmen, die eigene Aktivität fordert, wie beispielsweise ein Theater- oder Museumsbesuch, ein Vortrag oder eine Gesprächsrunde, so tritt nach etwa 90 Minuten zunehmend Erschöpfung ein. Auch hier gilt: Die anschließende Pause ist umso erholsamer, je stärker die vorangehende Aktivität war.

Es ist leicht zu beobachten, dass sich in den Tageslauf gerne die Zweiunddreißigstelnoten einschleichen: Dann setzt man bereits nach 45 Minuten das Ende und sucht Erholung. Vertiefte Begegnung braucht aber Zeit, deshalb sollte man sich nach 45 Minuten noch nicht aus der Sache bringen. Manche Redner wissen das und platzieren dann einen Witz oder eine Anekdote, denn Humor ist sicherlich die geistigste Form der Erholung.

Geistige Anspannung am Tag fördert einen tiefen Schlaf in der Nacht.

Wann geht etwas in «Fleisch und Blut» über? Zum Lernen gehört Vergessen

An der Berliner Charité hat man vor einigen Jahren Untersuchungen über das Schreien von Babys durchgeführt. Bekannt war, dass aus dem anfänglichen Geschrei über die verschiedenen Schritte der Brabbel- und Lallphase sich schließlich die Sprache bildet. Aber wie vollzieht sich diese Verwandlung? Das Ergebnis erstaunte die Forscher: In den ersten Wochen war der Schrei der Kleinen nicht länger als ein Atemzug und recht eintönig. Daraufhin begann sowohl die Tonhöhe als auch die Lautstärke zu schwanken, der Schrei wurde immer differenzierter. Er wurde im gewissen Sinne musikalisch. Doch nun geschah das Überraschende: anstatt dass die Laute des Babys nun durch weitere Fortschritte an Komplexität gewinnen würden, geschah das Gegenteil: es erschienen wieder die ursprünglichen einfachen Schreie. Als wäre das Gelernte vergessen worden, fiel das Baby in die früheren einfacheren Lautäußerungen zurück. Doch nach wenigen Tagen zeigte sich etwas ganz Neues: jetzt wurde der Schrei deutlich länger, er hatte sich vom Atem emanzipiert. Das gleiche Phänomen wiederholte sich auch auf den nächsten Stufen des Brabbelns: einmal erreichte Fähigkeiten verschwanden, um später auf höherer Stufe erneut zu erscheinen. Die leitende Wissenschaftlerin Karin Labitzke nannte es passend «das schöpferische Vergessen».

Nach einer Lernphase, in der Neues geübt und trainiert wird, folgt eine Zeit der Verinnerlichung, in der das Gelernte sich in neue Fähigkeiten wandelt. Die jüngsten Menschen sind somit nicht nur hinsichtlich ihrer unvergleichlichen Lerngeschwindigkeit, sondern auch der Lernmethode Vorbild, denn für das ganze Leben gilt, dass Fähigkeits- und Wissenszunahme nicht linear, sondern in solchen Etappen verläuft. Nach einer Zeit der Konzentration und des bewussten Auseinandersetzens mit neuem Wissen oder neuen Handfertigkeiten, muss das Aufgenommene in unserem Bewusstsein absinken, um zur Fähigkeit und Fertigkeit zu werden.

Nimmt man das Phänomen des «schöpferischen Vergessens» ernst, so ist nicht das Vergessen an sich das Problem beim Lernen, sondern der Zeitpunkt des Vergessens. Allzu oft werden Lernerfolge nicht ausgeschöpft, weil man sich in einer zu frühen Phase bereits neu orientiert und den Übungsweg abbricht. Vor allem nach der ersten Woche und nach der dritten Woche ist die Verführung stark: Nach der ersten Woche neigt man dazu, eine Übung aufzuhören, weil der Zauber des Neuen verebbt. Gerade dann, wenn die Gunst des Beginnens verflogen ist und das «per aspera ad astra» (auf neuen Pfaden zu den Sternen) Wirklichkeit wird, dann setzt die Fähigkeitsbildung ein. In der dritten Woche wird in der Auseinandersetzung mit einem Thema der Gipfel erreicht – wieder ein Grund, abzuschließen. Wer hier aussteigt, verpasst die vierte Woche, eine Zeit der Verdichtung, in der sich zugleich neue Horizonte eröffnen. Wer sich selbst beobachtet, wird feststellen können, wie fruchtbar hier der Rhythmus des Monats, die Zeit eines Mondumlaufs ist.

Von Kurbehandlungen ist bekannt, dass erst nach vier Wochen eine deutliche Erholung und der Heilerfolg eintritt. Darüber gibt ein einfaches Experiment Aufschluss: Man steckt in einen Flaschenkorken eine Nadel, sodass die Spitze nach oben weist. Jetzt stellt man den «spitzen» Korken auf eine Briefwaage und lässt Patienten, die unter Erschöpfung leiden, mit der Fingerspitze auf die Nadel drücken. Die Briefwaage zeigt an, wie stark man drücken kann, bis Schmerz entsteht. Nach einem Monat Kuraufenthalt steigt die Anzeige deutlich an. Die sprichwörtliche «Dünnhäutigkeit» scheint überwunden.

Zu ergänzen ist, dass die Genesung nach vier Wochen sich erfahrungsgemäß nach weiteren drei Wochen stabilisiert, sodass im Idealfall eine Auszeit sieben Wochen betragen sollte.

Will man also alte Gewohnheiten überwinden und neue veranlagen, braucht man diese Frist des Monats.

Wer sich beispielsweise seiner Handschrift neue Form und neuen Schwung geben will, muss erfahrungsgemäß einen Monat konzentriert die neuen Schreibbewegungen einüben, bis auch ohne Anstrengung das gewünschte Schriftbild entsteht. Doch warum besteht hier ein Zusammenhang mit dem Monat, dem Mondzyklus?

Der Mond ist vor allem durch seine Krater gekennzeichnet. Einmal stattgefundene Einschläge werden für alle Zeit bewahrt. Insofern ist der Mond Sinnbild für die «Gegenwart der Vergangenheit». «Leben mit dem Mond» heißt nicht, streng nach den Mondphasen bestimmte Tätigkeiten auszurichten, sondern vielmehr frei die Dauer des Mondzyklus für die eigene seelische und geistige Entwicklung zu nutzen. Der Mondrhythmus spiegelt sich nicht nur im weiblichen Zyklus, also den leiblichen Wachstumsprozessen, sondern ebenfalls im geistigen Wachstum und damit in der Persönlichkeitsentwicklung. Für ökonomisches Lernen ist es deshalb vorteilhaft, sich vier Wochen mit einem Gebiet zu beschäftigen, dann kann das Wissen vom Kopf in die Glieder und das Herz wandern. Dann haben wir den Kopf wieder frei für Neues.

Vier Wochen – eine Zeit der Verdichtung, in der sich sogleich neue Horizonte eröffnen.

Die Vergangenheit rückt immer näher

Vor einigen Jahren begegnete ich bei einer Reise mit einem Freund durch Griechenland einem Bauern, der seinen Esel an einem Fluss badete. Man kam ins Gespräch – erst über die schöne Landschaft und schließlich über die *Odyssee* des Dichters Homer. Es fiel die Bemerkung, dass dies ja schon sehr lange her sei, worauf der Bauer mit dem Esel an der Hand den Kopf wiegte und als er unsere irritierten Gesichter sah nachsetzte, dass sein Urgroßvater Odysseus wohl gerade nicht mehr erlebt habe. Wir wussten, dass Homer im achten Jahrhundert vor Christus die *Odyssee* geschrieben hatte und dass die Ursprünge dieser Geschichte ins zweite Jahrtausend vor Christus zurückragten und dennoch widersprach niemand dem griechischen Bauern. Wir waren sprachlos angesichts seines Zeitgefühls. In seinem Erleben hatten diese uralten Geschichten sich nur wenige Zeit vor seiner eigenen Kindheit abgespielt. Sie waren für ihn beinahe noch gegenwärtig.

Die dreitausend Jahre, etwa 90 Generationen zurückliegende Irrfahrten des Odysseus schienen dem Griechen näher zu sein als uns beispielsweise die deutsche Kaiserzeit am Anfang des 20. Jahrhunderts. Die zunehmende Geschwindigkeit, in der sich unsere Kultur wandelt und umwälzt, in der neue Erfindungen wie Handy oder Internet neue Umgangsformen prägen, politische Veränderungen das Weltgefüge verschieben, bedeutet zugleich, dass das Alte, «die Welt von gestern», wie es Stefan Zweig nennt, uns immer rascher fremd wird. Noch vor wenigen Generationen wurde das Leben und die Welt der Großeltern als kaum unterschiedlich zur eigenen Situation empfunden. Entsprechend lag das, was man als die fremde, unbekannte Vergangenheit empfand, weit zurück. Je dynamischer nun eine Kultur wird, desto eigenartiger oder nostalgischer empfindet man das unlängst Gewesene – die fremde Vergangenheit rückt immer näher an die Gegenwart heran.

Mit dem Spruch, dass die Erde immer kleiner wird, sind gewöhnlich die angesichts schneller Verkehrsmittel schrumpfenden Distanzen gemeint. Innerhalb von Stunden können wir ganze Kontinente überbrücken. Doch dies Kleinwerden ist nicht nur räumlich zu verstehen, sondern auch zeitlich. Auch die Gegenwart wird immer kleiner bzw. kürzer.

Zwei Konsequenzen dieser Entwicklung der heranrückenden Vergangenheit seien hier erwähnt: Indem das Vergangene in stärkerem Maße fremd und unverständlich wird, sinkt, wie es der Zeitforscher Hermann Lübbe nannte, «die Ratgeberkompetenz» der vorangehenden

Generation. Lebensreife oder selbst Altersweisheit reichen nicht mehr, um Ratschläge geben zu können. Die sich ändernde Wirklichkeit verlangt enorme Beweglichkeit und Interesse an der Gegenwart, damit die im Leben gewonnenen Einsichten nicht verjähren, sondern zur geistigen Vertiefung der Kultur beitragen können.

Eine zweite Folge der heranrückenden Vergangenheit ist, dass es für uns immer schwieriger wird, unsere kulturelle Identität aus der Vergangenheit zu holen, weil wir diese Vergangenheit immer schlechter begreifen können. Der eingangs genannte griechische Bauer kann sich das Leben seiner Vorfahren bilderreich vorstellen. Deshalb wurzelt seine kulturelle Identität in deren Lebensweise. Je weniger man nun diese Vergangenheit lebhaft erfassen kann, desto weniger besteht diese «zeitliche Heimat». Heute ist es notwendig, diese zeitliche Heimat selbstständig neu zu gewinnen, um die Wurzeln, den menschlichen Grund von Neuem anzueignen, auf dem wir stehen. Dabei sind nicht die Jahreszahlen wichtig, sondern die Biografien, die Schicksale, die Ideen und Empfindungen, welche die damaligen Menschen vorantrieben. Je mehr wir davon erfahren und erleben können, sei es durch Lesen, Hören, Ausstellungsbesuche oder Ferienreisen, desto mehr der fremden Vergangenheit wird zugänglich und vertraut und damit zu einem Teil unserer Gegenwart.

Deshalb wundert es nicht, dass historische Romane und Verfilmungen eine solch große Nachfrage genießen. Vor allem Biografien von Menschen der Vergangenheit versetzen uns mit Kopf und Herz in frühere Zeiten. Indem so Vergangenheit in der Seele lebendig wird, wächst ein Fundus an Maßstäben und Orientierungshilfen als Inspirationsquelle für die Zukunft. Von diesem Gesichtspunkt aus wird der scheinbar widersprüchliche Satz verständlich: «Die Zukunft liegt in den Archiven.»

Heute ist es notwendig, die zeitliche Heimat selbstständig neu zu gewinnen, um den menschlichen Grund von Neuem anzueignen, auf dem wir stehen.

Sprünge in die Zukunft

Die Jahreswechsel 1999/2000 und 2000/2001 wurden von vielen Zeitschriften zum Anlass genommen, Prognosen früherer Jahre im Rückblick auf ihre Richtigkeit zu prüfen. Welche Voraussagen haben sich tatsächlich erfüllt, was wurde in den Zukunftszenarien zu rosig, was zu düster gemalt? Die Antwort fällt deutlich aus: Die Prognosen für unsere Zeit, die in den 60er und 70er Jahren des vergangenen Jahrhunderts gebildet wurden, verraten mehr über die damalige Zeit als über unsere Gegenwart. Der uneingeschränkte Glaube an den technischen Fortschritt in den Jahren vor der 68er-Bewegung spiegelte sich in äußerst positiven Zukunftsbildern. Heute schmunzeln wir über den Machbarkeitsmythos, über die Zukunftsaussichten von Haushaltsrobotern und Hubschraubern auf jedem Dach; aber sie scheinen begreiflich, wenn man bedenkt, dass damals der Enthusiasmus nach dem erfolgreichen Wiederaufbau des vom Krieg zerstörten Europas fortgeschrieben wurde.

In den darauffolgenden 70er Jahren geschah dasselbe mit umgekehrtem Vorzeichen. Nun gossen sich Pessimismus und Ängste angesichts der zunehmenden Umweltverschmutzung und Ölkrise in die Vorhersagen.

Der Club of Rome, die internationale Vereinigung führender Naturwissenschaftler, prognostizierte 1972, dass die Erdöl- und Kohlevorkommen zum Jahrhundertende erschöpft seien. Selbstverständlich tragen diese ökologischen Prophezeiungen viel zu unseren heutigen Standards im Naturschutz bei, dennoch erwiesen sie sich zum größten Teil als falsch. Warum? Weil man – um auf die Zukunft zu kommen – bestehende Entwicklungen linear fortgeschrieben hat. Dies gilt jedoch nur für physikalische Prozesse im Bereich des Toten. Wenn beispielsweise in einer Tropfsteinhöhle eine Stalagmite durch stete Tropfen pro Jahrhundert um einen Zentimeter wächst, so wird sie dies auch in den nächsten hundert Jahren tun. Ist sie heute einen Meter hoch, so wird man mit recht erwarten, dass sie in 7000 Jahren Menschengröße hat. Anders verhält es sich im Lebendigen: Wer noch nie eine Blüte gesehen hat, wird beim Studium einer jungen Sonnenblume niemals darauf kommen, dass Anfang September plötzlich das Längen- und Blattwachstum zur Ruhe kommt und sich eine Blüte bildet. Die Blüte ist etwas völlig Neues im Wachstum der Pflanze, das niemand in Form und Farbe allein aus dem Anblick von Stängel und Blätter vorhersagen kann, wenn er nicht schon vorher solch eine Blüte gesehen hat.

Ein Blick in die Geschichte zeigt dieses Phanomen eindrucksvoll in der Entwicklung der menschlichen

Kultur: In Ägypten findet man noch heute eine Vielzahl von Pyramiden. Man könnte nun vermuten, dass die vollkommensten dieser beeindruckenden Bauwerke die zuletzt gebauten sind und die in Proportion und Gestalt weniger gelungenen frühere Versuche seien, dass ein fortwährender Reifungsprozess zur architektonischen Blüte am Nil geführt habe. Genau das Gegenteil ist der Fall: Die frühen, um 2500 v. Chr. gebauten Pyramiden wie die Cheops- und Chefrenpyramide sind die großartigsten. Später finden sich dann vielfältige Variationen dieser Urformen. Nachfolgende Versuche mit steilerem Böschungswinkel führten sogar zum Einsturz.

Das beschriebene Fortschrittsprinzip gilt ebenso für persönliche Entwicklungen: Neue Fragen, Reifungsprozesse und biografische Entwicklungen lassen sich selten ausschließlich aus den persönlichen Erfahrungen, also dem Vergangenen interpretieren, sondern weisen auf ein Überzeitliches, ein Ewiges unserer Persönlichkeit, das in die Zeit hineinragt und uns gewissermaßen aus der Zukunft inspiriert.

Die Geburt eines Menschen ist das Urbild dieser Tatsache, dass aus dem Ewigen Geistiges in das Zeitliche hineinkommt. Das Weihnachtsfest als Fest der Geburt ist in diesem Sinne das Fest der Zukunft im Jahreslauf, derjenigen Zukunft, die nicht vorausberechenbar ist, sondern durch einen geistigen Einschlag sich ereignet.

Advent (lat. = Ankunft) bringt dieses Zukunftsmotiv zum Ausdruck. Denn während die Frage «Was wird?» danach fragt, wie sich aus der Gegenwart die Zukunft bildet, liegt in der Frage «Was kommt?» die umgekehrte Richtung. Im ersten Fall wird aus der Gegenwart das Zukünftige, im zweiten mündet die Zukunft in unser Jetzt. Das «Was kommt?» versteht die Zukunft, wie Stefan Brodbeck in seinem Buch *Zukunft* zeigt, als eigenes selbstständiges Zeitwesen und nicht nur als Fortsetzung der Gegenwart.

Mit jeder Initiative, jeder kreativen Handlung und jeder Erkenntnis, die wir nicht allein aus dem Bestehenden gewonnen haben, wachsen wir über uns selbst und unsere Gegenwart hinaus, nehmen wir teil an der Zukunft.

Das Jahr.
Der Wechsel der Seele vom Entdecker zum Philosophen

Die Deutsche Bundesbahn hatte in den siebziger Jahren Untersuchungen über die Fehlerhäufigkeit von Lokführern angestellt. Gibt es bestimmte Zeiten, in denen vermehrt Streckensignale missachtet und zulässige Höchstgeschwindigkeiten überschritten werden? Dies war die Frage der betrieblichen Untersuchung. Das bekannte Phänomen, dass am frühen Nachmittag zwischen 14 und 15 Uhr die meisten Fehler stattfinden, zeigte sich auch hier. Die Gefahr, für kurze Zeit einzuschlafen, ist in dieser Zeit am höchsten. Ein schwerer Magen nach dem Mittagessen ist dabei nicht der entscheidende Grund, denn die Erschöpfungssymptome zeigen sich auch, wenn kein Mittagessen eingenommen wurde. Außerdem entdeckten die Bahntester, dass es nach Einführung des freien Samstages am Montag gehäuft zu Zugverspätungen kommt. Der Organismus muss sich nach zwei arbeitsfreien Tagen erst wieder auf die Tätigkeit einstellen, und das führt zu Problemen im betrieblichen Ablauf, so der Rhythmusforscher Gunther Hildebrand.

Doch neben diesen beiden Zeiten besonderer Neigung zu Fehlern und Erschöpfung, dem Mittagstief und dem Montag, stellten die Rhythmusforscher auch im Jahreslauf eine Leistungskurve der Zugführer fest: In den Monaten Dezember, Januar und Februar geschahen im gleichen Zeitraum ein Drittel mehr Fehler, während es im Frühjahr (April/Mai) und zu Herbstbeginn (Oktober) am wenigsten zu Unachtsamkeiten kam.

Zentralheizungen, importiertes Gemüse und Obst aus südlichen Ländern im Winter und Klimaanlagen im Sommer lösen uns aus dem Zusammenhang mit den Jahreszeiten. Die Untersuchungen der Rhythmusforschung können uns helfen, den Jahreszeitenrhythmus als einen zeitlichen Wechsel ernst zu nehmen, der sich nicht nur im Laub der Blätter und der Tageslänge spiegelt, sondern tief in unser geistig-körperliches Befinden eingreift, wie es einige Beispiele verdeutlichen mögen: In den Wintermonaten ist unsere Reaktionszeit am langsamsten. Auf äußere Reize reagieren wir nun verhältnismäßig träge, außerdem ist die Neigung zu Resignation und Niedergeschlagenheit ausgeprägt. Was sagen die Ergebnisse der Rhythmusforschung? Sie zeigen, dass im Sommer nicht nur die körperliche Leistungsfähigkeit größer ist, sondern auch unser Vermögen, uns von der Außenwelt körperlich und geistig inspirieren zu lassen. Im Winter schwächt sich der Einfluss der Außenwelt ab. Indem im Herbst die Entfaltung der Natur zur Ruhe kommt, die Lebenskräfte der mehrjährigen Pflanzen und Bäume sich zurückziehen, schwindet zugleich unsere Sinnesaktivität. Unsere Aufmerksamkeit wendet sich mit der dunklen Jahreszeit aus dem Umkreis auf uns selber zu. Während wir im Sommer auf die Vielfalt der Natur und unserer Mitmenschen schauen, wir mit unserer Seele eintauchen in das Wachsen, Blühen, Summen und Reden, versenken wir uns nun in den Kosmos der eigenen Seele. Im Sommer sind wir der Tendenz nach Entdecker, im Winter Philosophen und Künstler. Dass die Rhythmusforschung für den Winter, wie anfangs beschrieben, fast nur Negativwerte aufzeigen kann, liegt daran, dass dieses jahreszeitliche Philosophen- und Künstlertum schwer zu messen ist. Die im Winter gemessene langsamere Reaktionszeit darf nicht zum Schluss verleiten, dass wir jetzt schläfriger sind. Das Gegenteil ist der Fall: Wir sind im Winter hellwach, weil wir ganz bei uns sind.

In der Ruhe und Verinnerlichung des Winters bauen wir an unserer Standfestigkeit. Indem wir die Möglichkeit dieser Jahreszeit zur Besinnung auf uns selbst und auf unser Verhältnis zur über uns stehenden Welt ausschöpfen, schaffen wir die Grundlage, um uns in das dynamische Treiben des Frühlings und Sommers wieder aktiv mischen zu können.

Sommer und Winter reichen sich so auf dem Schauplatz der menschlichen Seele die Hand. So wie in der Natur die Keime von Herbst und Winter im Frühjahr in die Entfaltung drängen und durch Wurzel- und Blattwachstum Beziehung mit dem Umkreis aufnehmen, so legen wir im Winter die seelisch-geistigen Keime, die in Frühling und Sommer Wirklichkeit werden können.

Der am 29. November 2001 verstorbene Ex-Beatle George Harrison prägte den Satz: «Für alles im Leben kann man sich Zeit lassen – nur nicht für die Suche nach Gott.» Diesem Satz kommt in den Wintermonaten besonderes Gewicht zu.

«Für alles im Leben kann man sich Zeit lassen – nur nicht für die Suche nach Gott.»

Vom kleinen und großen Rhythmus des Willens

«Wie im Großen – so im Kleinen» ist ein zentrales Bildungsgesetz im Lebendigen. Man muss beispielsweise nicht dabei stehen bleiben, die menschliche Seelentätigkeiten auf die Gestalt zu beziehen: Kopf = Denken, Rumpf = Gefühl und Gliedmaßen = Wille. Man kann weiter gehen und auch innerhalb des Kopfes wiederum alle drei Bereiche der Psyche aufsuchen: Dem Denken entspricht die Stirn. Nase, Augen und Mundzüge als Mitte des Hauptes sind Ausdruck des Gefühls, die Kinnpartie als einzig beweglicher Teil entspricht dem Willen. Ein anders Beispiel ist die Hand: Wir greifen, zeigen, fassen mit ihr, sie ist ein Werkzeug unseres Willens und dennoch findet sich in den Fingerspitzen eine Wahrnehmungsfähigkeit, die typisch ist für unser Haupt, unser Denken. Die Ausdruckskraft der Handinnenseite und des Handrückens bei Gesten und Gebärden zeigt, wie sehr dieser Bereich vom Gefühl dominiert ist. Deshalb empfindet man es als merkwürdig, wenn beim Handschlag das Gegenüber nur die vordere Hand, die Finger ergreift. Es kommt bei der Begrüßung darauf an, dass sich die Handflächen begegnen, dass dort eine gegenseitige kurze Wahrnehmung stattfindet. Als eigentlicher Willensbereich der Hand bleibt schließlich nur der Daumen.

Im Teil ist das Ganze vertreten, dies ist ein Kennzeichen eines jeden Lebewesens, und zwar nicht nur in Bezug auf seine räumliche Gestalt, sondern auch auf seine zeitliche. So finden sich in der Natur die großen Zeitstrukturen im Kleinen wieder. Unterschiedliche Zeitmaße sind zueinander verwandt, wie Jahreslauf und Tageslauf: Was wir als Stimmung der Frische und Heiterkeit in den Morgenstunden erleben, entspricht im Jahreslauf dem Frühling. Das Frühjahr ist der Morgen des Jahres. Deshalb ist das Osterfest eine Feier des Morgens, während das Weihnachtsfest ein Fest der Nacht ist. Auf gleiche Weise lassen sich die Mittagsstunden und der Sommer parallel empfinden und auch der Nachmittag und der Herbst.

Nun sei eine weniger bekannte Verwandtschaft zweier menschlicher Rhythmen ins Auge gefasst: der Mond benötigt genau eine Stunde, um sich vor dem Sternenhintergrund um seinen eigenen Durchmesser zu bewegen. Dieselbe Zeit dauert es nun, bis etwas Fremdes, etwas Neues bleibend zur eigenen Sache wird. Womit wir uns eine Stunde beschäftigen, sei es ein Gedanke, ein Kunstwerk oder eine Pflanze, kann der Möglichkeit nach unsere Persönlichkeit so tief ergreifen, dass es uns ein wenig zu einem «anderen Menschen» macht. Es ist dies der Rhythmus des menschlichen Willens. Wenn wir uns die Zeit nehmen, uns eine Stunde in Gedanken mit einem Mitmenschen zu beschäftigen, dann wird das Verhältnis bleibende Tiefe und Ehrlichkeit gewinnen. Man fragt sich, ob dem beschriebenen Willensrhythmus von einer Stunde (das ist $1/24$ des Tages) eine vergleichbare Dauer im Maß des menschlichen Lebens entspricht. Die Rechnung ergibt: 72 Jahre : 24 = 3 Jahre. Was die Stunde im Tageslauf ist, das sind die drei Jahre im Leben bzw. die ersten drei Jahre des Lebens. In dieser Zeit der frühkindlichen Entwicklung bildet sich alles, was wir für das Leben brauchen: Gehen, Sprechen, Denken, Gebrauch der Sinne und als Krönung schlussendlich die Fähigkeit, im Nennen als «ich» sich als eigenständige Persönlichkeit zu erleben. Diese atemberaubend schnelle Entwicklung vollzieht sich, ohne – und das ist das Rätselvolle – dass Eltern einen großen Einfluss auf das Wann und Wie der einzelnen Schritte haben. Weder der Wille des Kindes, noch der Wille der Eltern lässt das Kind unermüdlich das Riechen, Krabbeln und Greifen üben – es ist kosmischer Wille, ein himmlisches Geschenk, ein Fest, das drei Jahre anhält. Im Urbild ist es jene Zeitspanne von der Taufe am Jordan bis zum drei Jahre späteren Karfreitag.

Ein Atem – länger als ein Jahr

Die Gesundheit der Seele zeigt sich in erster Linie darin, wie ungezwungen ihr Verhältnis zu ihrer Umgebung ist. Wo unsere Wünsche, Ideen und Hoffnungen, aber auch unsere Zweifel und Befürchtungen zusammenkommen mit dem, was wir von der Außenwelt wahrnehmen, also wo Innen- und Außenwelt sich begegnen, dort ist die Seele am reinsten anzutreffen. Nun ist die Außenwelt nicht immer gleich, sondern wechselt mit den Jahreszeiten grundlegend ihre Daseinsform. Die ruhende, schweigsame Natur des Januars hat sich in das Sprießen und Blühen der Frühlingsblumen verwandelt. Was für das Auge die gelben Narzissen und Osterglocken sind, ist für das Ohr das immer reicher klingende Vogelkonzert. Doch diese Frische ist im Frühling nicht nur in der Pflanzen- und Tierwelt zu finden, sondern auch in der Seele. Das gilt umso mehr, je reicher die Beziehungen sind, die zwischen der sich entfaltenden Natur und dem seelisch Inneren geknüpft werden.

So wichtig in diesem Sinne das Miterleben der Natur in ihren unterschiedlichen Erscheinungsformen von Jahreszeit zu Jahreszeit ist, so wichtig ist es zugleich über dieses Mitschwingen mit dem Jahreslauf hinausgehen zu können. Das ist nicht einfach: Ziele, auf die wir hinarbeiten, überschreiten selten ein Jahr. Was möchte ich in einem halben Jahr erreicht haben, was möchte ich in einem Jahr können? Dies beantwortet sich leichter, als wenn vergleichsweise die Zeitspanne von zwei Jahren ins Auge gefasst wird. Doch gerade darauf kommt es an.

Neben den Entwicklungen, die unser Seelisches betreffen, wie die Fähigkeit, Kritik annehmen oder Gelassenheit üben zu können, gibt es Prozesse, die noch langsamer ablaufen, Eigenschaften, die noch langsamer in uns reifen. Für sie braucht man einen längeren Atem als das Jahr.

Urbild für dies «verzögerte Wachstum» sind die ersten zwei Jahre der Kindheit: Ein «selbstständiges» Verhältnis zur Außenwelt bildet das kleine Kind innerhalb des ersten Jahres. Denn im wahrsten Sinne des Wortes steht es in der Regel mit zwölf Monaten ohne fremde Stütze. Für die seelische Entwicklung ist dies ein eminenter Schritt. «Der Abgrund zwischen Draußen und Drinnen hat sich aufgetan», schreibt Karl König in seinem Buch *Die ersten drei Jahre des Kindes* über den Triumph der Selbstständigkeit.

Eng verschwistert mit der Eroberung der Aufrechte ist die langsamer verlaufende Sprachentwicklung. Sie beginnt mit der ersten Körperregung, indem die Säuglinge schreien. Nach dem Lallen, das interessanterweise bei Kindern aller Sprachen gleich klingt, erscheint zum Beginn des zweiten Lebensjahres, ebenfalls in drei Etappen, die eigentliche Sprache, indem zuerst einzelne gesprochene Silben die Bedeutung ganzer Sätze annehmen. Mit 18 Monaten entdecken die Kinder, dass alles einen Namen hat. Vom Entdecker der Sprache werden sie zum Eroberer, wenn zum Ende des zweiten Lebensjahres Verben und Adjektive erscheinen und damit einfache Sätze möglich werden. Über die Schritte vom bedeutungslosen Sagen, über das Benennen aller Dinge, vollendet sich zum zweiten Geburtstag die Sprachfähigkeit mit dem Reden. Nach der seelischen Eigenständigkeit mit einem Jahr scheint nun mit zwei Jahren durch die Fähigkeit des Redens das Licht der geistigen Eigenständigkeit hinein, denn durch Sprache können wir Brücken von unserer Persönlichkeit zum Geistigen der Mitmenschen schlagen.

Im Spracherwerb offenbart sich geistiges Wachstum – und das entsteht durch verzögerte Entwicklung, durch Langsamkeit.

Während die seelische Reifung mit dem Jahreslauf zusammenklingt, brauchen wir für die geistige Entwicklung nicht nur in der Frühphase unserer Kindheit einen längeren Atem als den Jahreslauf.

Der Rhythmus der menschlichen Geburten

Wer über eine wichtige Entscheidung nachsinnt und dabei spazieren geht oder auf und ab schreitet, kann eine interessante Beobachtung machen. Die Bewegung kommt zur Ruhe, und zwar erfahrungsgemäß kurz bevor der Einfall ins Bewusstsein tritt. Die äußere Bewegung verebbt und einen Augenblick später erscheint die innere Bewegung, die Bewegung der Gedanken, die zur gesuchten Lösung finden. Diese scheinbar schlichte Beobachtung ist ein Schlüssel, um die menschliche Entwicklung verstehen zu lernen.

Das geschilderte Beispiel legt nahe, dass körperlich Äußeres und seelisch-geistig Inneres nicht voneinander getrennte Welten sind, sondern dass das eine in das andere überzugehen vermag. Schauen wir mit diesem Gedanken ausgestattet so auf das kindliche Wachstum, dass wir mit einem Auge die leibliche Entwicklung und mit dem anderen Auge das seelisch-geistige Werden verfolgen, zeigt sich immer wieder das gleiche Phänomen: Wenn eine körperliche Entwicklung abgeschlossen ist, erfolgt eine damit in Verwandtschaft stehende geistige. So haben mit der Schulreife im 7. Lebensjahr viele Wachstums- und Umformungsprozesse im Kind ihren Abschluss gefunden: Der Kopf ist von der fünfeckig anmutenden Schädelgestalt nun weitgehend rund geworden und das Gehirn kann von dem eines Erwachsenen kaum mehr unterschieden werden. Während die Wirbelsäule im ersten Lebensjahr noch aus gleich großen, undifferenzierten, teilweise knorpeligen Wirbeln zusammengesetzt ist, hat sich im Lauf der ersten sechs bis sieben Jahre die strukturierte s-förmige Gestaltbildung unserer Knochenachse abgeschlossen. Es ist ein Grundzug der anthroposophischen Menschenkunde hier den Energieerhaltungssatz der Physik anzuwenden. Das heißt, dass die Kräfte, welche die Wirbelsäule plastiziert haben, ihr elastisches Spiel mit der Senkrechten anschließend nicht versiegen, sondern frei sind für die passende seelisch-geistige Entfaltung. Empfindungen von Selbstsicherheit, Erleichterung, aber auch Niedergeschlagenheit sind nun in viel reicherem Maße möglich. Solche leiblich-geistigen Bezüge sind besonders während der Knotenpunkte der menschlichen Entwicklung zu bemerken, wie beispielsweise bei der Geschlechtsreife um das 13./14. Lebensjahr. Der Gesichtsausdruck wandelt sich aus dem kindlichen Ebenmaß in die individuellen charaktervollen Gesichtszüge. Damit gehen die sich dramatisch entfaltenden jugendlichen Gefühlsschichten von Liebe und Hass, Verzweiflung und Idealismus sowie die Erkenntniskraft des Urteilens einher.

Rudolf Steiner und auch C.G. Jung nennen diesen Entwicklungssprung der Pubertät eine Geburt, weil nun seelische und geistige Fähigkeiten auftreten, die scheinbar aus dem Nichts kommen, die sich nicht aus dem vorangehenden erklären lassen. Wer nichts vom erwachsenen Menschen wüsste, würde beim Kind niemals diese Umwandlung erwarten.

Betrachtet man die weiteren Phasen des menschlichen Lebens, so zeigt sich, dass der in Schul- und Geschlechtsreife angedeutete Siebenjahresschritt sich auch im Erwachsenenalter fortsetzt. Sei es mit etwa 21 Jahren, wenn mit dem Ende des leiblichen Wachstums die Phase der Selbsterziehung einsetzt im Sinne einer neuen Geburt des Ichs oder zur Lebensmitte, um das 35. Lebensjahr. Dabei kann jeder Siebenjahresschritt, an dem sich neue seelisch-geistige Fähigkeiten offenbaren, als eine weitere Geburt betrachtet werden, wobei sich drei unterschiedliche Arten von Geburten zeigen: Bis 21 werden ohne unser Bewusstsein neue Fähigkeiten geboren, dann können wir mehr und mehr diese Ereignisse der Verwandlung bemerken und bewusst verfolgen und schließlich, wohl vor allem ab 42, sind wir es selbst, die diese Geburten neuer geistiger Fähigkeiten hervorbringen. Immer mehr gilt, dass wir es selbst sind, die wir uns zur Welt bringen.

Die amerikanische Psychologin Joan Borysenko beschreibt, sie habe im Zuge ihrer Vorträge zehntausend Menschen gefragt, ob sie gerne jünger wären. Angesichts einer Kultur, welche das Jugendalter idealisiert, erstaunt es, dass kaum ein Zuhörer dies wünschte. Es liegt wohl an der Art ihrer Fragestellung: «Wollen Sie gerne Klugheit, Erfahrung, Schmerz und Freuden, die Grundlagen des Wachstums, eintauschen gegen Jugend?»

Immer mehr gilt, dass wir es selbst sind, die wir uns zur Welt bringen.

Die Zahl der Zeit

Es gibt Zauberkünstler, die rechnen von vorneherein mit der Zahl 7 und haben einen Zaubertrick entsprechend vorbereitet, wenn sie jemand aus dem Zuschauerkreis nach einer einstelligen Zahl fragen. Wird eine andere Zahl genannt, so wechselt der Zauberer unbemerkt zu einen anderen Trick. Wenn man die einstelligen Zahlen in eine Rangfolge der Sympathie bringt, so liegt die 7 unangefochten auf Platz eins. Wohl vor allem, weil es die Zahl der Entwicklung ist, nennen und hören wir sie gern, wobei sie nicht nur in der menschlichen Entwicklung in Form der siebenjährigen Zyklen auftaucht. Seien es die «sieben Berge» aus dem Märchen *Schneewitchen*, die «sieben Jahre» in der Fremde in vielen Geschichten oder die «sieben Brücken»: Immer wird ein Entwicklungsweg, der Prozess einer Verwandlung geschildert. Die sieben Berge dürfen deshalb nicht als Anzahl genommen werden, sondern als Bild einer Wanderung, die in eine andere Welt führt, die eine vollständige Verwandlung bedeutet. Ein Weg über «7 Berge» ist deshalb weiter, als eine Strecke über 100 Berge.

In der christlichen Tradition findet sich die Zahl 7 in erster Linie als die Anzahl der Erzengel. Auch hier darf die 7 nicht nur als abzählbare Größe genommen werden, sondern drückt im Bild aus, dass diese Wesen, obgleich selbst übersinnlich und damit zeitlos, in der Zeit sich ausleben. Der Würzburger Abt Johannes Trithemius (1462–1516) hat ein vielbeachtetes Buch bezüglich der die christlichen und jüdischen Vorstellungen über Erzengel geschrieben. Im Zentrum dieser Schrift steht der Gedanke, dass diese über uns stehenden Wesen in fester Folge zeitliche Regentschaften der menschlichen Kultur ausüben. So stand gemäß Trithemius die Renaissance, eine Kultur, in der das Altertum wieder auferstand, unter der Regentschaft des Erzengels Gabriel, dessen Charakter passend als erinnernd, als rückblickend verstanden wurde. Demgegenüber ist die Epoche des klassischen Griechenlands, eine Zeit der kulturellen Aufbrüche und Grenzübertritte, wie unsere heutige Zeit dem Erzengel Michael zugeordnet. Was wir als «Zeitgeist», als «Geist der Zeit» bezeichnen, hat in den Erzengel-Regentschaften ihre esoterische Dimension. Es lohnt sich, die historische Entwicklung mit der Liste der entsprechenden Zeitgeister bzw. Erzengel-Regentschaften zu vergleichen.

Die Sieben ist die Zahl des Werdens, die Zahl der Zeit. Deshalb konnte sich die babylonische 7-Tage-Woche im Altertum auch gegen die vielfältigen anderen Wochenzählungen, wie beispielsweise die ägyptische

10-Tage-Woche, durchsetzen und die Kalender beinahe aller Kulturen erobern.

Dies ist bemerkenswert, weil die 7, das Zeitmaß der Woche, weder in den Monat noch in das Jahr ohne Rest aufgeht. Weder 30 oder 31 Tage noch die 365 Tage des Jahres lassen sich durch 7 teilen. Vom praktischen Gesichtspunkte ist die 7-Tage-Woche also ungeeignet. Die Berechtigung ergibt sich aus der beschriebenen inneren Eigenschaft der 7. Versuche während der Französischen Revolution, eine 10-Tage-Woche oder 1931 in der damaligen Sowjetunion eine 6-Tage-Woche einzuführen, sodass in einem Monat von 30 Tagen genau 5 Wochen Platz finden, hatten nur wenige Jahre Bestand, obwohl damit auf das gleiche Datum jeden Monat der gleiche Wochentag entfallen wäre. Der 5. Mai oder 5. August wären immer ein Freitag. Einmal an einem Sonntag geboren, hätte man immer an einem Sonntag Geburtstag. Die Lösung ist praktisch, aber geistlos, weil sie die Qualitäten der Zahlen ignoriert. Dass auch heute noch die «unhandliche» Woche verwendet wird, zeigt eindrucksvoll, wie stark die Kraft der 7 als Ordnungszahl des Zeitlichen ist.

Im Kosmos findet sich die 7 in der Anzahl der sichtbaren Planeten, wenn man Mond und Sonne hinzunimmt. Auch dies fügt sich ins Bild, denn während der 12-gliedrige Tierkreis das Unveränderbare, das Ewige repräsentiert, sind es die Planeten, die in ihrem wechselhaften Lauf stets unwiederholbare Konstellationen erzeugen und damit im Kosmos die Gegenwart, die Zeit entstehen lassen.

Die Sieben ist die Zahl des Werdens, die Zahl der Zeit.

Die Zahl der Vollständigkeit

Zahlen sind allgegenwärtig. Ob als Seitenzahl unterhalb dieses Textes, als Datum, Lebensalter oder Briefgewicht, als Telefon- oder Hausnummer – es gibt kaum einen Lebensbereich, in dem Zahlen nicht eine Rolle spielen.

Doch Zahlen dienen nicht nur dem Zählen, Messen und Wiegen, sie erzählen auch etwas über sich selbst. Diese Seite der Zahl, ihre innere Qualität, ist uns heute jedoch fremd geworden.

Wenn man ein Treffen beispielsweise für 5 Uhr nachmittags ansetzt, so sind es praktische Gründe, die gerade zu diesem Zeitpunkt führen. Wohl niemand wird berücksichtigen, dass 5 diejenige Zahl ist, die in der Anordnung der Rosenblütenblätter oder der Fruchtstruktur der Erdbeere erscheint, oder dass 5 zugleich die größte Anzahl ist, die wir ohne eigentliches Abzählen als Anzahl direkt erfassen können. Man findet über die 5, aber auch über alle anderen kleinen Zahlen, eine Fülle von speziellen Erscheinungsformen, die zeigen, dass jede Zahl ihren eigenen Charakter hat. Sobald Zeitmaße und Rhythmen im Menschenleben betrachtet werden, gilt es den Blick zu weiten, um ein reiches Bild über die

Eigenart einer Zahl zu gewinnen, denn diese Eigenart erzählt wiederum etwas über den Charakter des zu betrachtenden Rhythmus. Im Folgenden soll dies mit der Zahl 12 geschehen. Diese Wahl mag erstaunen, denn so wie die Sieben sich in vielen leiblichen und seelischen Zeitgliederungen wiederfindet, so offenbart sich die 12 vor allem dann, wenn es um die Gliederung des Raumes geht: Seien es die 12 Tierkreisbilder, die 12 Himmelsrichtungen auf einer Kompassrose oder die 12 auf der Erde lebenden Tierstämme. In allen Fällen entsteht durch die zwölffache Gliederung eine Gesamtheit, eine Vollständigkeit. So ist die abendländische Musik aus 12 verschiedenen Tönen und entsprechend 12 Tonarten aufgebaut.

Die Totalität wird aus der 12 gebildet. Es wundert nicht, dass die menschliche Weltbegegnung ebenfalls zwölffach gegliedert ist: Bei sinnvoller Differenzierung kommt man auf 12 verschiedene menschliche Sinne und ebenfalls zu – das Buch *Zwölf Wege, die Welt zu verstehen* von Mario Betti lädt dazu ein – 12 verschiedenen philosophischen Ausrichtungen, 12 Weltanschauungen, die erst in ihrer gegenseitigen Ergänzung die Welt vollständig widerspiegeln.

Wo taucht nun im Zeitlichen die 12 auf? Erscheint auch hier die für sie typische Vollständigkeit? Zum einen sind es die 12 Monate, die das Räumliche der Tierkreisbilder als Tierkreiszeichen ins Zeitliche wandeln, in ein

Nacheinander unterschiedlicher Naturstimmungen im Jahreslauf. Übers Jahr entstehen dadurch 12 verschiedene Gesichter einer Landschaft, die erst zusammen den vollständigen Charakter einer Gegend wiedergeben.

Zum anderen liegt dem Planeten Jupiter die Zahl 12 zugrunde. 12 Jahre braucht der größte aller Planeten, um einmal den Tierkreis zu durchlaufen. Mit dem 12. Lebensjahr steht Jupier wieder so wie zur Geburt. Was ist kennzeichnend für das 12. Lebensjahr? Das Abstraktionsvermögen erwacht! Auch wenn Kinder vielleicht schon früher entdeckt haben, dass beispielsweise 9 x 11 das Gleiche ergibt wie 10 x 10 − 1 und dies auch bei anderen Zahlen wiederentdecken (6 x 8 = 7 x 7 − 1), werden sie noch nicht das Prinzip verstehen. Erst im 12. Lebensjahr gelingt der Gedankenprozess, um von 6 x 8 auf (7 − 1) x (7 + 1) = 7 x 7 − 1 x 1 = 48 zu kommen und dann formal aufzuschreiben (a − b) x (a + b) = a x a − b x b. Das Verallgemeinern einer konkreten (hier mathematischen) Situation ist nun möglich.

Damit ist verbunden, dass der Gerechtigkeitssinn der Jungendlichen jetzt einen enormen Entwicklungssprung vollzieht. Indem eine Situation nun auch abstrakt, das heißt allgemein angeschaut und beurteilt werden kann, kann sie vollständig begriffen werden. Es ist wieder das Typische der 12, das sich auch hier geltend macht.

Mit 3 Jahren sagen wir «ich» zu uns. Entsprechendes

gilt nun für die Entwicklung des menschlichen Denkens. Mit 36, mit 3 Jupiterjahren, werden wir individuell in unserem Denken. Jetzt können wir in größerem Maß Verantwortung übernehmen und sind in der Lage, Widersprüche schöpferisch zu lösen.

Das gilt nicht nur für den ersten 12-Jahres-Rhythmus. Naturgemäß zählen wir die Lebensjahre in irdischen Jahren, das heißt in Sonnenläufen. Es ist aber durchaus sinnvoll, das Alter nicht nur mit diesem Lebenszyklus der Jahreszeiten zu messen, sondern auch mit den Jupiterzyklen. Jupiter als Repräsentant des Denkens gliedert die Biografie in die Entwicklungsetappen unserer gedanklichen Fähigkeit. Im 12. Lebensjahr sind wir in diesem Sinne ein Jupiterjahr alt. Nach einem Sonnenjahr können wir stehen, mit einem Jupiterjahr haben wir das Stehen auf der gedanklichen Ebene erreicht. Mit dem Erwachen des abstrakten Denkens gewinnen wir eigene Urteilskraft, wir sind sprichwörtliche «selbstständig» im Denken.

Nach zwei Lebensjahren können wir sicher laufen und einfache Sätze sprechen – Ähnliches gilt wieder im übertragenen Sinn für das zweite Jupiterjahr, also mit 24 Jahren: Jetzt können wir im Denken laufen und sprechen. Was heißt das? Wir können verschiedene Gesichtspunkte in einem inneren Dialog ins Gespräch miteinander bringen. Wir können einen Gedanken von mehreren Seiten betrachten, wir können ihn umwandern.

Entfaltet sich im 12. Lebensjahr das abstrakte Denken, so reift mit 24 eine größere Lebensnähe des Denkens.

Und was geschieht nach drei Jupiterjahren?

Zwölf ist die Zahl der Vollständigkeit.

Der Mondknotenzyklus und die Nähe des höheren Ichs

Die Bezeichnung «Krise» ist ein offener Begriff. Wir wissen zwar, was mit diesem Wort gemeint ist, aber wir können nicht eindeutig abgrenzen, wo eine Krise anfängt und wo sie aufhört, was sicher eine Krise und was «nur» eine kurzzeitige Herausforderung ist. Es klingt paradox, aber um sich genau auszudrücken, muss man solche Begriffe unscharf verwenden.

Dennoch lassen sich natürlich Merkmale aufzählen, die eine Krise ausmachen: Es ist die Verunsicherung, wenn die alten Formen nicht mehr tragen, aber noch keine neuen greifbar sind. Es ist die Instabilität, die körperlich auf feine Weise bei jedem Schritt zu beobachten ist und durch die Routine des Gehens unbemerkbar bleibt: Man hebt den Fuß, verlässt den sicheren Boden und befindet sich bis zum Aufsetzen in einem feinen Ungleichgewicht. So individuell und überraschend diese biografischen Wandlungen auftreten, so lassen sich doch bestimmte Gesetzmäßigkeiten, bestimmte «Fälligkeitstermine» erkennen. Ein Blick zum Sternenhimmel vermag das Beschriebene verdeutlichen: Der Mond wandert in einem Monat um die Erde. Die Tatsache, dass nicht bei jedem Neumond eine Sonnenfinsternis eintritt, zeigt, dass er sich nicht in der gleichen Ebene wie die Erde bewegen kann. Tatsächlich ist seine Bahn gegenüber der Erdbahn um 5° geneigt. Einen halben Umlauf befindet sich der Mond deshalb oberhalb des Tierkreises und die andere Hälfte unterhalb. Entsprechend zieht er als Neumond vor der Sonne meistens unter- oder oberhalb vorbei. Wie ein Delfin, der aus dem Wasser springt und wieder eintaucht, so durchstößt der Mond an zwei gegenüberliegenden Punkten – den Knotenpunkten seiner Bahn – den Tierkreis, um auf- oder unterzutauchen. Die Mondbahn bleibt jedoch nicht in einer fixen Stellung zur Erdbahn, sondern dreht sich, wie ein Teller, den man schief auf den Tisch aufsetzt. Damit wandern die Knotenpunkte bei jedem Mondumlauf um 3 Monddurchmesser. Wie bei den meisten planetarischen Bewegungen sind die Richtungen entgegengesetzt, das heißt die Knoten wandern dem Mond entgegen.

Nach einer Dauer von 18 Jahren, 7 Monaten und 3 Tagen hat sich die Mondbahn vollständig gedreht. Die Knotenpunkte haben den ganzen Tierkreis durchlaufen und wieder ihre ursprüngliche Lage erreicht. Sonnen- und Mondbahn stehen erneut im gleichen Verhältnis. Dieser Rhythmus von 18,6 Jahren, wie auch der halbierte von 9,3 Jahren, wenn die Mondbahn entgegengesetzt steht, spiegelt sich in der menschlichen Biografie: Im

Alter von 9 bis 10 Jahren geschieht eine wichtige Wandlung in der kindlichen Persönlichkeit. Während die Geburt ein Weg in die menschliche Gemeinschaft ist, wird nun das Gegenteil erlebt, die Trennung von der Gemeinschaft. Fragen wie: «Sind meine Eltern wirklich meine Eltern, was wäre, wenn sie sterben?» – «Was wäre, wenn es mich nicht mehr geben würde?», wühlen die Kinderseele auf und lassen viele Kinder, meist nur als Gedankenspiel, von zuhause weglaufen. Erstmals klingt die Lebensfrage an: «Wer bin ich?».

Im 19. Lebensjahr ereignet sich erneut die Geburtskonstellation von Sonnen- und Mondbahn. Vergleichbar einer zweiten Geburt, einem zweiten Herausgestoßenwerden, wird nun in den drei Jahren bis zum 21. Lebensjahr das selbstständige Ich geboren. Mit 37 Jahren und zwei Monaten rundet sich zum zweiten Mal der Mondknotenumlauf.

In dieser Zeit der sogenannten «midlife-crisis» realisiert man, dass sich der Lebensweg festigt. Die Verantwortung für das eigene Schicksal wird deutlicher. Die Frage des Christus an den 38-jährigen Kranken am Teich Bethesda (Joh. 5): «Willst du gesund werden?», ist die Frage nach der gesteigerten Eigenaktivität, die zur Lebensmitte jedem gestellt wird. Von der persönlichen Warte aus erscheinen diese biografischen Stationen als Krisen und es gelingt oft erst im Nachhinein, den höheren Blick einzunehmen, der zeigt, dass wir mit der Wiederholung der Geburtskonstellation erneut geboren werden – jetzt aber auf geistiger Stufe. Wie vor der leiblichen Geburt sind in diesen Krisenzeiten das alltägliche Ich der Persönlichkeit und das höhere, das ewige Ich sich nahe.

«Willst du gesund werden?»

Saturn und die Langsamkeit

Sie heißen *Die Kreativität der Langsamkeit, Mut zur Langsamkeit, Zeit – verweile doch ..., Lass dir Zeit* oder *Innehalten*. Es gibt eine Fülle an Literatur zum Thema kreative Langsamkeit und Entschleunigung des Alltags.

Doch warum ist der Erfolg dieser Ratgeber nur schwer auszumachen? Zwei Gründe spielen eine Rolle: Zum einen bedeutet die Verlangsamung der eigenen Lebensumstände vordergründig Verzicht. Hierzu ein kleines Experiment: Man greife zu einer Aphorismensammlung, schlage an beliebiger Stelle das Buch auf, und lese den Spruch, der zuerst ins Auge springt. Dann beobachte man, was vorgeht: Zuerst Erwartung, dann Freude über den geistreichen Inhalt des Einzeilers und schließlich folgt häufig eine Goldgräberstimmung. Man möchte einen weiteren Spruch durch den Kopf ziehen lassen. Der Blick schweift zum nächsten und der alte verglimmt umso rascher, je schneller ein neuer Spruch die Aufmerksamkeit fesselt. Vielleicht liest man plötzlich Folgendes: «Ein Aphorismus ist ein Edelstein – viele sind Sand.» Man entdeckt, dass das Einzelne nur leuchten kann, wenn es aus dem Vielen herausgehoben wird.

Konzentration ist naturgemäß immer Verzicht auf

vieles andere. Um zum Experiment zurückzukehren: Erst nach und nach, vielleicht erst nach Jahren wächst aus der Versenkung in den Inhalt eines Spruches eine Einsicht oder neues Vermögen. Erst das Versäumen der unzähligen anderen Sprüche macht diesen Reifeprozess möglich.

Neben dem momentanen Erlebnis des Verzichtes gibt es ein zweites Hindernis vor der eigenen zeitweiligen Langsamkeit: die Scheu vor der Begegnung mit sich selbst, den tieferen Schichten unserer Persönlichkeit. Biografiestudien, wie etwa diejenige von Rudolf Treichler über die Entwicklung der Seele im Lebenslauf, zeigen eindrucksvoll, dass gerade dieses zweite Hindernis, die Scheu vor der intimeren Begegnung mit sich selbst, besonders vehement im Lebensalter von 30 bis 35 auftritt, wie entscheidend es jedoch für die persönliche Reifung ist, diesem Hindernis ins Auge zu schauen. Wie ist das gemeint?

Mit dem 30. Lebensjahr rundet sich der größte planetarische Rhythmus im menschlichen Leben, der Umlauf des Saturn. Es mag paradox klingen, aber Wachstum und Sterben sind zwei der zentralen Attribute, die mit diesem fernsten der sichtbaren Planeten zusammenhängen. Dies spiegelt sich in dem erwähnten Lebensabschnitt. Zwar ist bereits mit 20 Jahren das eigentliche Wachstum beendet, aber aufbauende Prozesse des Leibes dauern bis Anfang 30 an und schenken den Gefühlen und Gedanken eine natürliche Unmittelbarkeit und Frische. Bis zum 30. Lebensjahr gilt, dass die leiblichen Wachstumsvorgänge der seelischen Entwicklung Rückenwind verleihen. Wenn Saturn nach 30 Jahren die Stellung, die er zur Geburt inne hatte, wieder erreicht, läutet er das Ende der aufbauenden körperlichen Kräfte ein. Wohl zu keiner Zeit des Lebens ist es so wichtig, sich Zeit für sich selbst zu nehmen – innezuhalten, damit durch die innere Versenkung eine Kraft sich bildet, die an die Stelle der nun versiegenden physischen Kraft treten kann.

Dieser Moment ist nicht weniger feierlich als der Anblick Saturns im Teleskop: Jetzt besteht die Möglichkeit, dass die freie Persönlichkeitsbildung eine neue Stufe der Selbstständigkeit erreicht, indem das seelische Wachstum sich nun ohne die leibliche Unterstützung fortsetzt.

Saturn repräsentiert in diesem Sinne sowohl Ende als auch Beginn. Mit seinem Umlauf endet die Lebensphase der Jugend und beginnt zugleich die Etappe der Persönlichkeitsentwicklung, in der die Energie für jeden Fortschritt allein aus dem eigenen Persönlichkeitskern fließt. Der sich selbst am Schopfe aus dem Sumpf ziehende Baron Münchhausen ist eine bekannte und originelle Illustration dieser Phase des selbst geschaffenen Fortschritts.

Die langen Stunden im Winter

Der Zeitforscher Robert Levine stellt in seinem Buch *Eine Landkarte der Zeit* eine interessante These über das Motiv von Urlaubsreisen auf. Nicht der Wunsch, neuen Landschaften, fremden Gegenden, Menschen und Tieren zu begegnen sei das eigentliche Treibende, sondern die Sehnsucht nach anderen Zeitläufen, anderen Umgangsformen mit der Zeit führe uns in die fernen Gefilde. Ein Urlaub ist demnach nicht nur eine räumliche, sondern auch eine zeitliche Reise.

Vor einigen Jahren sind die Wissenschaftler J. Aschoff vom Max-Planck-Institut für Verhaltensphysiologie und S. Daan von der Universität Göttingen der Frage nachgegangen, inwiefern das persönliche Zeitempfinden tatsächlich ortsabhängig ist. Sie folgten dabei der bekannten Beobachtung, dass unser Zeitgefühl von der Helligkeit der Umgebung abhängig ist. Sie ließen 18 Menschen über Wochen in Räumen verschiedener Helligkeit leben und kurze Zeitintervalle von 10 bis 120 Sekunden durch Drücken eines Knopfes abschätzen. Dieser simple Versuch ermöglicht es, das innerseelische Zeitgefühl eines Menschen experimentell zu untersuchen.

Je heller die Umgebung der Versuchspersonen war,

desto später drückten sie den Knopf. Die gleiche Minute wurde bei Lichtfülle kürzer erlebt. Umgekehrt wurde bei matter Beleuchtung das Signal zu früh gegeben, seelisch empfand man die Zeit gedehnt.

Durch stärkere Beleuchtung treten alle Erscheinungen unserer Umgebung farbiger und kontrastreicher hervor; über das Auge wird uns eine höhere äußere Ereignisdichte vermittelt. Vergleichbares kennen wir auch auf akustischem Feld. Lebhafte Gespräche lassen die Zeit fliegen, Stille lässt sie langsam fließen. Das Zurücktreten der Sinneswelt, sei es durch Dunkelheit oder Stille, führt uns in unser Seelisch-Inneres zurück. Geschieht innerlich nichts, so erleben wir das Zerrbild der ruhigen Zeit: die Langeweile.

Dieser beschriebene Sachverhalt kann dazu anregen, in der Wohnung, vergleichbar den je nach Funktion beschaffenen Räumen (Küche, Wohnzimmer), entsprechend unterschiedliche Zeitzonen zu schaffen: Vom hell erleuchteten Schreibtisch kann dann der Blick in dunkle Ecken, das heißt langsame Zeitzonen gleiten – und je nachdem, wie viel seelische Zeit, wie viel Ruhe oder Dynamik beispielsweise ein Gespräch braucht, sucht man die passende Zone auf.

Aufgrund der wechselnden Lichtverhältnisse im Jahreslauf ist für den Winter zu erwarten, dass die Zeit gedehnt erlebt wird. Die Selbstbeobachtung zeigt, dass man im Dezember und Januar schon nach Verlauf einer Dreiviertelstunde meint, eine Stunde sei vergangen, während im Sommer bei gleicher Tätigkeit oft erst nach 70 bis 80 Minuten dieser Eindruck entsteht. In den dunklen Monaten scheint für uns die Zeit langsamer zu fließen. Bis ins 12. Jahrhundert hat man dem dadurch Rechnung getragen, dass die Länge einer Stunde sich durch eine Zwölfteilung des Tages ergab, unabhängig davon, ob es 8 oder 16 Stunden hell war. Entsprechend schwankte die Stundenlänge von 40 Minuten im Winter und 80 Minuten im Sommer.

Wieder ist es die Reizarmut, sind es die geringeren Eindrücke, die die Natur uns bietet, die in einem ebenen verschneiten Feld gipfeln, die uns im Winter in einen langsameren Zeitschritt bringen können. Die Sinnesfülle in den Städten zur Weihnachtszeit zeigt, wie schwer es uns fällt, dieses Angebot der Natur zur Entschleunigung im Winter anzunehmen. Für die körperliche und seelische Leistungsfähigkeit, aber auch für die persönliche geistige Entwicklung hängt jedoch viel davon ab, ob das Innehalten und Verlangsamen an mehr als den Weihnachtsabenden gelingt, denn erfüllte langsame Stunden im Winter geben die Kraft und Standfestigkeit, die in den schnellen Stunden der hellen Jahreszeit gebraucht wird.

Im ruhigen Winter legen wir die Keime, die in dynamischer Sonne aufgehen können.

Ein Urlaub ist nicht nur eine räumliche, sondern auch eine zeitliche Reise.

Sonnenrhythmen

Die Spanne der Aufmerksamkeit

Um ein Tier zu verstehen, schauen wir neben dessen Verhaltensweisen naturgemäß auf dessen Gestalt, denn Körperform und -größe, Hautbeschaffenheit und Proportionen verraten viel vom Wesenszug eines Lebewesens. So wird man beispielsweise Elefant und Maus zuerst durch den Größenunterschied von 1 : 100 unterscheiden. Doch dieser offensichtlichen räumlichen Differenz entspricht eine nicht weniger wichtige Unterscheidung im zeitlichen Sinne, denn jede Lebensform äußert sich durch ein spezielles Gefüge von ineinander greifenden Rhythmen. Neben der Raumgestalt gilt es deshalb, die Zeitgestalt ins Auge zu fassen. So unterscheiden sich Maus und Elefant auch dadurch, dass das Herz der Maus mit etwa 1000 Schlägen pro Minute (= 15 pro Sekunde) 40-mal schneller schlägt als dasjenige des Elefanten. Das Herz des Dickhäuters pulst nur alle zwei bis drei Sekunden, also vergleichbar dem menschlichen Atem.

Obgleich wir heute weit davon entfernt sind, zeitliche Erscheinungen ebenso gut empfinden zu können wie räumliche, spürt man doch, dass solch unterschiedliche Frequenzen des Herzrhythmus, solch unterschiedliche Lebensgeschwindigkeiten ein völlig anderes Daseinsgefühl und eine andere Beziehung zur Umgebung bedeuten: Dem rasanten Puls der Maus entspricht die ständig erregte, aufmerksame Grundstimmung des ängstlichen Geschöpfes, während der langsame Herzschlag des Elefanten sich in dessen behäbigem Charakter wiederfindet. Fasst man den Leib als «Instrument der Seele» auf, so wundert es nicht, dass in den Rhythmen, die diesen Leib durchziehen, die spezifische Art der Seele zum Ausdruck kommt.

Die Tatsache, dass die Lebensrhythmen nicht zufällig verlaufen, sondern viel über das Innere eines Organismus aussagen, lohnt sich, auch in anderen Gebieten der Natur zu verfolgen. Welche Rhythmen, welche zeitlichen Erscheinungsformen zeigt unsere Sonne und was erfahren wir dadurch über sie und – im Sinne einer vergleichenden Kosmologie – über uns selbst? Berücksichtigt man sowohl den Sonnenkörper als solchen, als auch diejenigen Rhythmen, die sich durch das Zusammenspiel von Sonne und Erde ergeben, so zeigen sich vergleichbar einem Lebewesen kurzwellige, schnelle Rhythmen, aber auch langperiodische Zeitstrukturen. Die kurzen Rhythmen häufen sich im Minutenbereich:

Zwei Minuten verstreichen, bis die Sonne im Zuge ihrer Tagesbewegung sich um ihren eigenen Durchmesser verschoben hat. Am Äquator, wo die Sonnenbahn zum Horizont senkrecht steht, dauert es deshalb vom ersten

Berühren des Horizontes bis zum völligen Verschwinden der Sonnenscheibe zwei Minuten. Da in unseren Breiten die Sonne in schrägem Winkel untergeht, verlängert sich diese stimmungsvolle Zeit des Sonnenuntergangs auf etwa drei Minuten.

Mit *fünf Minuten* hingegen pulst ein Schwingungsrhythmus der Sonne, der erst vor einigen Jahren entdeckt wurde. Messungen der Sonnenoberfläche ergaben, dass diese sich im Rhythmus von fünf Minuten um einige hundert Meter hebt und senkt. Die genauere Analyse führte zu der Theorie, nach der schallartige Druckwellen im Innern der Sonne an die Oberfläche branden und von dort ins Innere zurückgeworfen werden. Dadurch entstehen die besagten Schwingungen. Dem Schwingen der Außenhaut liegt demzufolge auch eine komplexe innere Bewegung zugrunde.

Das dritte kurzwellige Zeitmaß der Sonne hat eine Dauer von *acht Minuten:* Im Teleskop erscheint die Sonnenoberfläche nicht als gleichmäßige Schicht, sondern es zeigen sich wabenartige Strukturen, die in ständigem Wandel von Auflösung und Neubildung begriffen sind. Die materielle Erklärung dieses Phänomens ist, dass es heiße Gasmassen sind, die als etwa 1000 km große Blasen an die Oberfläche steigen und nach etwa 8 Minuten wieder absinken, um neuen Blasen Platz zu machen. Es ist interessant, dass die Spanne von 8 Minuten außerdem in Bezug zur Erde Bedeutung hat: Die Erde ist 149 Mio. Kilometer von der Sonne entfernt, sodass das Licht bei einer Geschwindigkeit von 300.000 Kilometer pro Sekunde nur wenig mehr als acht Minuten zur Erde braucht. Die Lebensdauer der Blasen (astronomisch Granulen genannt) findet sich in der Lichtstrecke zur Erde wieder.

Fragt man sich, wie lange es gelingt, ohne Unterbrechung mit voller Anteilnahme und Aufmerksamkeit konzentriert zu sein, so liegt die Antwort in dieser sonnenhaften Zeitspanne von zwei, fünf und acht Minuten.

So wie die Sonne durch fortwährende Wärme- und Lichtabgabe reine Gegenwart, reines Jetzt repräsentiert, erzeugen wir in diesem seelischen Zustand der schöpferischen Ich-Präsenz ebenfalls vollständige Gegenwärtigkeit – bis eine Idee oder Erinnerung uns wieder aus der Gegenwart herausführt.

Der Bogen des Tageslaufes

Von all den biologischen und seelischen Rhythmen, die im menschlichen Leben eine Rolle spielen, nimmt ohne Zweifel der Tageslauf eine herausragende Stellung ein. Auch wenn mit Recht von Rhythmusforschern und Medizinern immer wieder beklagt wird, dass in zu großem Maße gegen diesen grundlegenden Rhythmus von Tag und Nacht verstoßen wird, zu oft die Nacht zum Tage gemacht wird, so bleibt dennoch der Tagesrhythmus, der Rhythmus von Schlafen und Wachen der vorherrschende Rhythmus des persönlichen und sozialen Lebens. Es führt deshalb zu einem eindrucksvollen Bild, wenn man sich im Süden und Norden die Menschengruppen denkt, die durch die gleiche Sonnenuntergangs- und Aufgangszeit etwa zur gleichen Zeit zu Bett gehen und aufstehen.

Dem mitteleuropäischen Abend entspricht der Sonnenaufgang in Fernost, und unsere Mitternacht klingt mit dem Abend an der Ostküste und dem Nachmittag an der Westküste Amerikas zusammen. Solche Vorstellungen sind natürlich elementar und dennoch sind sie Voraussetzung dafür, ein Gefühl für die Erde bzw. die Menschheit als Gesamtheit entwickeln. Was in manchen Büros durch Uhren in verschiedenen Zeitzonen Internationalität und globale Gesinnung demonstriert, findet dann als innere Tätigkeit statt – man gewinnt ein Verhältnis zur räumlichen Gliederung des Tagesrhythmus über die gesamte Erde.

Dies ist auch deshalb lohnend, weil sich ein Vergleich der Erde mit dem einzelnen Menschen anbietet. So wie auf der Erde je ein Drittel der Menschheit schläft, so gilt für den einzelnen Menschen, dass während des Wachseins etwa ein drittel seiner Persönlichkeit ebenfalls schläft. Mit Schlaf ist hier gemeint, dass sich in Seele und Körper Vorgänge abspielen, die nicht ohne weiteres ins Bewusstsein gehoben werden können, sondern unbewusst, wie von selbst sich vollziehen. Dies gilt vor allem für den Willen. Während eigene Gedanken klar gefasst werden können, scheint es unendlich schwer, bewusst zu begleiten, wie sich ein Arm, ein Fuß oder Augenlid bewegt, obgleich wir die Bewegung selbst hervorbringen. So wie auf der Erde ständig ein Bereich von Licht, ein Bereich von Dämmerung und Nacht anwesend ist, so ist im Menschen auch Licht, Dämmerung und Nacht in Form von unterschiedlichen Graden des Bewusstseins vertreten.

Am Herbst- und Frühlingsanfang ist das Verhältnis zwischen Nacht und Tage im Gleichgewicht. Zwölf Stunden wandert die Sonne über das Firmament und zwölf Stunden herrschen Dämmerung und Dunkelheit. Die babylonisch-sumerische Teilung des Sonnentages in 12 Stunden ist für die Rechnung zwar unpraktisch, aber weist auf den zeitlichen Charakter des Sonnentages hin: Die Zahl 12 repräsentiert die Vollständigkeit, das Umfassende (das wurde weiter oben beschrieben). Diese Vollständigkeit, diese Geschlossenheit, die im Bogen des Sonnenlaufes ihren räumlichen Ausdruck hat, findet sich in der organischen Zeitgestalt des Tages wieder: Hervorstechend ist die Dreigliederung in Vormittag, Mittag und Nachmittag, wobei der Morgen die Ouvertüre und der Abend den Ausklang oder musikalisch die Reprise, die Coda darstellt.

Innerhalb der Tageszeiten besitzen die einzelnen Stunden wiederum jeweils ihren eigenen Charakter. Auch wenn der Wunsch verständlich ist, dass der Tag länger sein möge, wer die organische Zeitgestalt des Tages entdeckt, würde seine Länge nicht verändern wollen. Äußere Bestätigung für dieses Gefühl findet sich dazu im Sonnenlauf. Die Sonne, die in einem Jahr durch den Tierkreis wandert, braucht genau 12 Stunden, um sich um ihren eigenen Durchmesser am Sternenhimmel zu verschieben. Einen Stern, den sie am Morgen bedeckt, lässt sie demzufolge am Abend wieder frei. Nun repräsentiert die Sonne mit ihrem fortwährenden Fluten von Licht und Wärme die Gegenwart, die Aktualität, denn wenn die Sonne scheint, dann scheint sie immer jetzt.

Zu diesem Sinnbild der Gegenwärtigkeit bilden die Sterne einen Kontrapunkt. Unverrückbar und zeitlos repräsentieren sie das Ewige. Die unveränderlichen Formen der Sternbilder stehen für das Zeitlose, das Ewige.

Im Rhythmus von 12 Stunden, dem Wandern der Sonne um ihren Durchmesser, münden Gegenwart und Ewigkeit in ein neues Verhältnis zueinander ein. In diesem Rhythmus schließt sich deshalb der Bogen des Tageslaufs.

Der Tagesrhythmus, der Rhythmus von Schlafen und Wachen, bleibt der vorherrschende Rhythmus des persönlichen und sozialen Lebens.

Der Zusammenklang von Erde, Mond und Sonne

Eines der beherrschenden Themen unserer Zeit ist die Verknappung des Erdöls. Ursachen sind der Preis pro Liter, der bald die 2-Euro-Marke erreicht, oder auch die mahnenden Worte von Colin Camphill in einer Publikation wie *Ölwechsel!*. Dass die weltweite Fördermenge ihren Höchststand überschritten hat, verankert sich im öffentlichen Bewusstsein.

Anfang der siebziger Jahre war das Erdöl ebenfalls in der öffentlichen Diskussion. Im Gegensatz zu heute waren damals keine Alternativen für die fossilen Brennstoffe in Sicht. War man damals paralysiert, so führt das Damoklesschwert «Erdölverknappung» heute zu Innovationen, Visionen und Aufbrüchen. Das Thema ist gleich, aber die Vorzeichen haben sich grundsätzlich gewandelt.

Nun liegen zwischen 2006 und 1973 33 Jahre. Diese Zeitspanne ist nicht nur die Dauer des Generationswechsels, sie zeigt sich auf dreifache Weise in der Sonne und ihrem Verhältnis zu Mond und Erde. Wenn man diese kosmischen Rhythmen begreift, versteht man besser, warum im sozialen Leben sich in diesem Zeitraum von 33 Jahren die Bedingungen und die Bewusstseinslage erneuern bzw. Entwicklungen sich abschließen.

Nach 33 Jahren klingen Erde, Mond und Sonne jeweils zeitlich zusammen. Wie ist das gemeint? Ein Sonnenjahr dauert nicht genau 365 Tage, sondern 5 Stunden und 49 Minuten länger. Erst dann steht die Sonne wieder am gleichen Punkt ihrer Bahn wie im Vorjahr. Nun summieren sich in 33 Jahren diese 5 Stunden 49 Minuten zu 7,998 Tagen, sodass die zeitlichen Verhältnisse wieder zusammenklingen, wenn man in 33 Jahren 8 Schalttage einlegt. Sichtbar wird dies zum Frühlingsbeginn: Im Jahr 2006 beginnt er am 21. März um 2.02 Uhr, vor 33 Jahren begann der Frühling auch am 21. März um 1.56 Uhr. Kalendarisch bedeutet dies, dass durch 8 Schalttage in 33 Jahren der Ausgleich erzielt wird.

Doch nicht nur Tag und Jahr klingen nach 33 Jahren zusammen, auch der Mond zeigt in Bezug auf das Sonnenjahr diesen Rhythmus: Mit 29,5 Tagen Dauer von Vollmond zu Vollmond dauert ein Mondenjahr mit 12 solchen Zyklen 12 x 29,53 Tage = 354,4 Tage. Das bedeutet, dass jedes Jahr der Mond 11 Tage «zu früh» seine zwölf Umläufe beendet und die Mondphasen entsprechend von Jahr zu Jahr jeweils 11 Tage früher erscheinen. Nun ergibt 365 geteilt durch 11 recht genau 33, sodass nach 33 Jahren diese 11-Tagesverschiebung sich zu einem vollen Jahr summiert hat und die Mondphasen wieder gleich stehen. Entsprechend gilt, dass beispielsweise ein Vollmond am Tage der Geburt sich am 33. und 66. Geburtstag wieder einstellt.

Im Rhythmus von 33 Jahren klingen die Umläufe von Sonne, Erde und Mond wieder zusammen. Diese Zeitspanne bildet eine Art Taktstrich im großen Zeitlauf. Großer Zeitlauf heißt hier, dass dieser Rhythmus weniger das persönliche Leben gliedert, sondern vielmehr die menschliche Gemeinschaft betrifft als ein Rhythmus der Erneuerung und Umwälzung oder genauer als ein Rhythmus der Geburt, des Sterbens und der Wiedergeburt. Dieses Letztere ergibt sich, wenn man auf diejenige Gestalt blickt, deren persönliches und menschheitliches Leben zu einem Leben verschmolzen war: Das Leben des Christus hatte diese Zeitspanne von 33 Jahren.

Der Rhythmus von 33 Jahren betrifft die menschliche Gemeinschaft als ein Rhythmus der Erneuerung und Umwälzung: der Geburt, des Sterbens und der Wiedergeburt.

Die doppelte Verzögerung der Sonne

«Als wir das Ziel aus den Augen verloren hatten, verdoppelten wir unsere Anstrengungen.» Dieser Satz findet sich in vielen Ratgebern über den Umgang mit der Zeit. Er weist auf die nahe liegende, aber meist unzutreffende Vorstellung hin, dass eine Unternehmung umso erfolgreicher werde, je schneller sie vorangetrieben wird. Die Adjektive «größer, schneller, weiter» des Wirtschaftswachstums der neunziger Jahre taugen immer schlechter als Kennzeichen erfolgreicher Entwicklungen. Es ist vielmehr der Blick auf Wachstumsprozesse der Natur, der zu Anregungen und neuen Vorstellungen über fruchtbaren Fortschritt führen kann.

Eine Blume erreicht den Entwicklungssprung von der Blattbildung zur Ausbildung der Blüte nicht dadurch, dass sie ihr Wachstum forciert, sondern das Gegenteil ist der Fall: Das Längenwachstum verlangsamt sich, die Bildung von Blättern und weiterem Stängel kommt zur Ruhe. Hand in Hand mit dieser Stauung, dieser Verlangsamung geschieht der Entwicklungssprung zur Blütenbildung. Eine neue Stufe wird erreicht, denn nun erscheinen Farbe und Duft. Damit ragt die Pflanze aus dem Lebendigen zum Seelischen hinauf. Dieses

Phänomen, dass das Neue dadurch erreicht wird, dass eine bestehende Bewegung inne hält, tritt auf vielfältige Weise in Erscheinung. Wer beispielsweise spazieren geht und dabei über ein Problem nachsinnt, beobachtet, dass man unwillkürlich den Schritt verlangsamt und vielleicht sogar stehen bleibt, wenn sich die Lösung einstellt. Eine äußere, physische Bewegung wandelt sich zu einer Gedankenbewegung, zu einem geistigen Schreiten.

Nun ist die kosmische Grundlage von Wachstum und letztendlich von jeder Bewegung die Sonne. Für ein ganzheitliches Weltverständnis müsste deshalb das Prinzip des Innehaltens und der Stauung auch bei der Sonne zu finden sein. Tatsächlich ist das auch so – und sogar im doppelter Weise. Doch das bemerkt man nur, wenn man bereit ist, unbefangen, gewissermaßen mit unphysikalischen Augen, auf die kosmischen Bewegungen zu schauen: Die elementarste Bewegung der Sonne ist die Tagesbewegung von Osten nach Westen, auf der Nordhalbkugel von links nach rechts. Wir sehen die Sterne hinter der Sonne nicht, aber wir wissen, dass auch sie diese Bewegung mitvollziehen. Dabei besteht aber ein entscheidender Unterschied. Sonne und Sterne wandern nicht gleich schnell über das Firmament, sondern Tag für Tag fällt die Sonne gegenüber dem Sternenhintergrund, den Tierkreisbildern etwas zurück, sodass sie in einem Monat um ein Tierkreisbild zurückgewandert ist und in einem Jahr den ganzen Tierkreis durchschritten hat.

Man denkt schnell, dass die Sonne langsamer sei. Das ist im Resultat zwar richtig, aber entscheidend ist, dass diesem Langsamersein eine aktive Bewegung zugrunde liegt. Gegenüber dem ewig gleichförmigen Kreisen der Sterne staut die Sonne ständig ihre Bewegung, sodass neben dem Tagesrhythmus der Jahresrhythmus entsteht. Das Jahr ist in diesem Sinne ein Tagesrhythmus auf höherer Stufe. Es ist ein 360-fach verlangsamter Tag, der dadurch grundlegende Entwicklungen der Persönlichkeit ermöglicht, für die das Zeitmaß des normalen Tages viel zu schnell ist.

Die Sonne wird durch ihren verlangsamten Lauf durch den ganzen Tierkreis geführt und läutet dementsprechend von einer bestimmten Stelle aus jeweils den neuen Frühling ein. Verfolgt man über mehrere Jahre diesen Sternenort, an dem die Sonne zur Zeit des Frühlingsanfangs steht, so entdeckt man eine weitere Stauung: Unser Zentralgestirn wandert pro Jahr nicht exakt an die gleiche Stelle im Tierkreis zurück, sondern es bleibt eine kleine Lücke, die dazu führt, dass der Frühlingsort der Sonne Jahr für Jahr ein wenig voranschreitet – in 33 Jahren um den Sonnendurchmesser, in 72 Jahren um ein Grad. Es dauert die lange Zeit von 25.920 Jahren bis der Frühlingsort der Sonne durch den gesamten Tierkreis gewandert ist. Dieses Zeitmaß, das im Altertum als das kosmische Jahr oder das *platonische Weltenjahr* bezeichnet wurde, ist eine höhere Stufe des irdischen Jahres, denn durch eine feine Verlangsamung der Sonne in ihrem Zurückwandern durch den Tierkreis im Jahreslauf kommt dieser große Rhythmus zustande.

Für Entwicklungen, die die Menschheit und die Erde betreffen, ist nun ein Tag viel zu schnell und auch ein Jahr zu kurz. Manche Prozesse der Erde, aber auch der Menschheit, sind so grundlegend, dass sie den zweifach gestauten Tag als Zeitmaß brauchen – das platonische Weltenjahr.

Es dauert die lange Zeit von 25.920 Jahren bis der Frühlingsort der Sonne durch den gesamten Tierkreis gewandert ist. Dies ist das Zeitmaß des platonischen Weltenjahrs.

Jedes Jahr ist anders –
vor allem nach 2160 Jahren

Die Baumringe eines aufgeschnittenen Stammes sind ein eindrucksvolles und bleibendes Beispiel, dass nicht nur für das menschliche Empfinden jedes Jahr einen eigenen unverwechselbaren Charakter hat, sondern dies auch für die Pflanzenwelt gilt. So wie jeder Ring seine eigene Form und Unregelmäßigkeit besitzt, so ist allgemein für das Pflanzenleben kein Jahr wie das andere. Das Spiel aus Wind, Wolken, Wärme und Wasser lässt eine solch unfassbare Fülle verschiedener Umstände zu, dass selbst in Jahrtausenden gerechnet, jedes Jahr seinen eigenen Fingerabdruck besitzt. Hervorgerufen wird der Jahresrhythmus naturgemäß durch den Gang der Erde um die Sonne bzw. vom irdischen Standpunkt aus gesehen, von der Wanderung der Sonne durch den Tierkreis.

Wer den Gedanken ernst nimmt, dass irdische und kosmische Vorgänge auch jenseits des physikalisch Messbaren eine Beziehung zueinander haben, der kennt folgende Frage: Wenn jedes Jahr einzigartig ist, dann kann der Sonnenlauf sich nicht jedes Jahr auf die exakt gleiche monotone Weise abspielen. Als Urbild des Jahreslaufs muss auch im Sonnenlauf etwas liegen, das jedes

Jahr individuell erscheinen lässt. Tatsächlich ist das auch so: Wie in den vorangegangenen beiden Kapiteln ausgeführt wurde, ist der Sonnenlauf jedes Jahr gegenüber dem Sternenhintergrund ein Stück verschoben. Misst man von dem Sternenort, an dem die Sonne zu Frühlingsanfang steht, so beginnt die Sonne das nächste Jahr bereits 20 Minuten bevor sie den Tierkreislauf abgeschlossen hat, weil der Frühlingsanfangsort im Tierkreis ihr geringfügig entgegengelaufen ist. Dadurch steht die Sonne zu Frühlingsbeginn jeweils vor einem etwas anderen Sternenhintergrund.

Wenn auch der Sonnenbogen zum 21. Juni jedes Jahr der gleiche ist, so ist doch die Sonne an diesem Tag jedes Jahr eine andere, weil sie vor einem etwas verschobenen Sternenhintergrund leuchtet. Das Maß ihrer Wärme, die Fülle ihres Lichtes ist unverändert, aber ihr sternenhafter Umkreis ist ein anderer. Was drückt sich in diesem sich ständig wandelnden Sternenumkreis der Sonne aus? Eine Antwort findet sich, wenn man diese stetige stellare Veränderung der Sonne über längere Zeiträume verfolgt und dabei bemerkt, dass in großen Zeiträumen von etwa 2000 bis 2500 Jahren ein ganzes Sternbild «ausgetauscht» wird: So stand die Sonne zum Zeitpunkt des Frühlingsbeginns von 4500 bis 1900 v. Chr. im Stier und dann bis etwa 100 v. Chr. im Widder und seither im Tierkreisbild der Fische.

Diese Jahreszahlen sagen nicht viel. Aussagekräftiger sind die Jahreszahlen, die sich ergeben, wenn man die Zeichen herausgreift, an denen die Sonne zum jeweiligen Frühlingsanfang in der Mitte eines Sternbildes angelangt ist: Im Zentrum des Stieres ist sie um 3000 v. Chr. und im 8. bis 9. Jahrhundert v. Chr. hat sie die Mitte des Widders erreicht. Mit diesen Jahreszahlen verbinden wir wesentliche Entwicklungssprünge der menschlichen Kultur: 3000 v. Chr., zur Entstehungszeit des ägyptischen Reiches wird in verschiedenen Gemeinschaften die Schrift erfunden. Indem das Aufschreiben und Lesen möglich wird, bildet sich ein zeitliches Bewusstsein, wie es für uns heute nur mit starker innerer Anstrengung wegzudenken ist, denn mit der Schrift wird das Geschehene fixiert. Damit wird auch ohne persönliche Erinnerung die Vergangenheit gegenwärtig.

Im 8. Jahrhundert vor der Zeitrechnung – der Frühlingspunkt steht nun in der Mitte des Widders – entstehen die ersten Spuren von Philosophie, von abstraktem Denken wie auch Kunst in unserem heutigen Sinne, wenn wir beispielsweise an die klassischen griechischen Tragödien denken.

Im 14./15. Jahrhundert hat die Sonne zum Frühlingszeitpunkt schließlich die Mitte des nächsten Bildes, der Fische, erreicht. Wieder trifft das Datum der zentralen Position des Frühlingspunktes mit einer bedeutenden

Wandlungszeit in der Bewusstseinsgeschichte zusammen: In der Renaissance, in der dramatisch das religiöse Empfinden, die naturgegebene Frömmigkeit hinter der Kraft des zweifelnden und argumentierenden Denkens zurücktritt, steht nun die Sonne im Zentrum der Fische.

Was heißt das? Ein neues Zeitalter wird dann offenbar, wenn die Sonne zum Frühlingsbeginn ins Zentrum eines Tierkreisbildes vorgerückt ist. Für die Manifestation des Neuen bedarf es einer enormen Vorbereitungszeit. Diese scheint in den tausend Jahren zu liegen, die nötig sind, bis der Frühlingspunkt vom Eintritt in ein Bild dessen Mitte erreicht hat. In 550 Jahren wird die Frühlingssonne in den Wassermann eintreten und erst um das Jahr 3500 dort im Zentrum stehen. Das viel zitierte Wassermannzeitalter ist somit noch in weiter Ferne, selbst die Vorbereitung darauf ist noch zukünftig, aber nicht die Vorbereitung auf die Vorbereitung – die ist von unübersehbarer Aktualität.

Ein neues Zeitalter wird dann offenbar, wenn die Sonne zum Frühlingsbeginn ins Zentrum eines Tierkreisbildes vorgerückt ist.

Die irdische und kosmische Woche

Die Zeit ist gegenüber dem Raum schwieriger zu verstehen, weil in ihr die Dinge nicht übersichtlich nebeneinander liegen. Während im Räumlichen an einer Stelle nicht Verschiedenes sein kann, ist in der Zeit immer eine Fülle von Zeitlängen, von Rhythmen gleichzeitig anwesend und ineinander verwoben. Während räumlich «nah» und «fern» klare Maßstäbe sind, mit denen man sich orientiert, kann in der Zeit das Ferne, also die Zukunft, in die Gegenwart hereinragen und damit nahe sein. In diesem Sinne hängt es vom eigenen Blickpunkt ab, was man zur Gegenwart, zum zeitlich nahen Bereich hinzuzählt. Mit Gegenwart meint man den augenblicklichen Moment, den Atemzug, aber im erweiterten Sinne auch die aktuelle Stunde. Vergleichbar dem Blick von einem Berg in die Landschaft, durch den die weitere Umgebung fassbar wird, kann nun das «Jetzt» auf Ferneres erstreckt werden. In beiden Fällen ist Übersicht der Lohn – sei es die ausgebreitete Landschaft, die in den eigenen Standort einbezogen wird, oder der Tag, ja sogar die Woche, die als die aktuell zu gestaltende Gegenwart erfasst wird.

Jetzt soll es darum gehen, die Woche als übergeordnete

Gegenwart ins Auge zu fassen, um so auf größere Entwicklungszyklen aufmerksam zu werden.

Die Woche fasst nicht nur sieben Tage als einen seelischen Entwicklungsbogen zusammen, sondern ist selbst der vierte Teil des Monats. Im Wechsel der Mondphasen von Neu- zu Halbmond und Vollmond kommt diese Viertelung des Monats astronomisch zum Ausdruck. Der Monatsrhythmus spielt bekanntlich für das Lernen und Umwandeln von Gewohnheiten eine wichtige Rolle. Wer sich der Lernpsychologie entsprechend, einen Monat mit einem Thema, einer Frage oder sonstigen Sachen beschäftigt, der bemerkt, dass das Verhältnis zu dem sogenannten Lernstoff vier typische Stadien durchläuft. Jede dieser vier Wochen besitzt mehr oder weniger prägnant einen typischen Charakter mit den ihr eigenen Anforderungen. Begegnung – Durchschreiten – Ergreifen – Lösen können gewissermaßen als die vier Überschriften in der zeitlichen Folge eines Monats gelten.

Selbstverständlich findet «Begegnung» am reinsten in der ersten Bekanntschaft mit einem Thema statt. Der Zauber, der von dieser ersten Berührung mit einer neuen Fremdsprache, einem Musikinstrument, einem neuen Schriftsteller oder anderen Dingen ausgeht, prägt das gesamte spätere Verhältnis zu dieser Sache, der man sich nun länger widmen will. Aber neben diesem Moment besitzt zugleich die gesamte erste Woche das Kennzeichen der Begegnung, der Frische des unbefangenen Kennenlernens.

Nun folgt das Durchschreiten, das allmähliche, oft anstrengende Durchschreiten der Aufgabenstellung. Oft wird hier das Vorhaben abgebrochen, weil sich der Glanz, das Faszinierende der ersten Woche verflüchtigt hat. Der Rückenwind der anfänglichen Begeisterung lässt nach. Der eigene Wille ist auf die Probe gestellt.

In der dritten Woche gewinnt man einen Überblick, einen Geschmack des Ganzen. Damit ist das Gefühl verbunden, nun selbstständig der Aufgabe gegenüberzustehen. Da in dieser Phase – vergleichbar dem Beginn – eine besondere Größe liegt, besteht auch hier die Gefahr, das Unternehmen zu beenden, dem Spruch folgend: «Man soll aufhören, wenn es am schönsten ist.»

Tut man dies, betrügt man sich um manche Früchte: Denn erst mit der vierten Woche vollzieht sich die Reifung und Verinnerlichung des Themas, aus dem sich dann neue Wege eröffnen. Die vierte Woche gleicht deshalb den mühevollen letzten Zentimetern im Spannen der Sehne beim Bogenschießen, durch die erst die eigentliche Schnellkraft gewonnen wird.

Es geschieht vornehmlich in dieser viergliedrigen Monatsdauer, dass wir neue Verhaltensweisen und Ideen ergreifen und Angewohnheiten erneuern.

Im Vorangegangenen wurde beschrieben, wie es

Weitere Informationen zum Verlag Freies Geistesleben und seinen Büchern finden Sie im Internet:
www.geistesleben.com | www.facebook.com/geistesleben

☐ Bitte senden Sie mir das aktuelle Gesamtverzeichnis

☐ Ich bin auch an E-Books interessiert

☐ Schicken Sie mir bitte Ihren monatlichen Newsletter

Hiermit stimme ich zu, dass der Verlag die unten genannten Daten zur Abwicklung des Auftrages verarbeiten darf. Im Rahmen der Auftragsverarbeitung ist möglicherweise eine Weitergabe an Dritte erforderlich. Unsere Datenschutzerklärung können Sie unter: www.geistesleben.com einsehen.

_____
Unterschrift

E-Mail:

Absender:

Name

Straße / Postfach

Postleitzahl / Ort

Deutsche Post
WERBEANTWORT

An den
Verlag Freies Geistesleben
Postfach 13 11 22
70069 Stuttgart

Bitte ausreichend freimachen

Liebe Leserin, lieber Leser,

mit dieser Karte können Sie uns Ihre Fragen und Wünsche oder Ihre Meinung zum Buch mitteilen.

Diese Karte entnahm ich dem Buch: _____

Meine Meinung zu diesem Buch:

Ich habe folgende Fragen / Wünsche:

☐ **Ich bin damit einverstanden, dass meine Meinung eventuell veröffentlicht wird.** (Ggfs. bitte ankreuzen!)

vergleichbar dem irdischen Monat als Zwölfteilung des Jahres auch einen kosmischen Monat mit der Länge von einem Zwölftel des platonischen Weltenjahres gibt. Dieser Rhythmus von 2160 Jahren umfasst als geschichtliche Kulturepoche analog dem irdischen Monat menschheitliche Lern- und Entwicklungszyklen. So wie der irdische Monat in vier Phasen (Begegnung – Durchschreiten – Ergreifen – Lösen) gegliedert werden kann, so kann eine Kulturepoche – 2160 Jahre – in Viertel, in kosmische Wochen gegliedert werden. Es lohnt sich, die menschliche Geschichte daraufhin anzuschauen. Dies gilt vor allem deshalb, weil wir gegenwärtig, nimmt man das 15. Jahrhundert als Beginn unserer Epoche der Neuzeit, gerade am Beginn der zweiten Woche stehen.

Auch eine Kulturepoche – 2160 Jahre – kann in vier Phasen (Begegnung – Durchschreiten – Ergreifen – Lösen) gegliedert werden.

Jetzt steht jeder am Bug der Zeit

Michelangelo hat die eindrucksvolle Geschichte in Briefen immer wieder beschrieben: Vom Papst Giulio hatte er den Auftrag erhalten, dessen Grabmonument in der Peterskirche zu fertigen. Als für das aufwendige Werk alles bereit war, die Werkstatt eingerichtet und die Marmorblöcke per Schiff Rom erreicht hatten, schien der Papst das sorgsam ausgetüftelte Vertragswerk brechen zu wollen. Andere Bildhauer hatten aus Missgunst dem Papst zugeflüstert, ein Grabmal zu Lebzeiten zu errichten brächte Unglück. Statt der Grabskulpturen sollte Michelangelo nun die Sixtinische Kapelle ausmalen. Ein solcher Auftragswechsel ohne Entschädigung für die enormen Auslagen bedeutete für Michelangelo eine wirtschaftliche Katastrophe. Deshalb versuchte der Bildhauer dreimal zum Papst vorzudringen – wurde aber abgewiesen. Der vierte Versuch wurde Weltgeschichte: Als Michelangelo von den päpstlichen Wachen erneut aufgehalten wurde, rief er: «Nun, so sagt dem Papste, wenn er mich in Zukunft brauche, möge er mich suchen, wo ich zu finden bin.» Der Fortgang des Geschehens zeigt Michelangelos Intelligenz: Er befahl seinen Dienern unverzüglich allen Besitz zu verkaufen und ritt selbst ohne Aufenthalt nach Florenz. So entzog sich der Künstler geschickt der Gewalt der päpstlichen Truppen, die ihm nachsetzten.

Die Art, in der Michelangelo der klerikalen Macht die Stirn bietet, ist Symptom eines neuen sich entwickelnden Bewusstseins, in dessen Morgenröte die Renaissance steht und zugleich das Mittelalter sein Ende findet. Genauso gut hätten Leonardo da Vincis Berechnungen über die Kosten einer Seeschlacht, die Reden des Kirchenketzers Jan Hus oder die erste gedruckte Bibel als Beispiele des erwachenden freien Selbstbewusstseins genommen werden können. Dieses Selbstverständnis der Neuzeit bezieht sich nicht auf eine souveräne Haltung gegenüber menschlichen Mächten, sondern auch gegenüber höheren Autoritäten. Die Antwort des Physikers Pierre Laplace auf Napoleons Frage, wo in dessen Modell der Planetenentstehung denn der Schöpfer zu finden sei, ist dafür ein historisches Paradebeispiel: «Eines Schöpfers bedarf ich nicht, Sire.» Mit dieser großartigen wie erschreckenden Antwort kennzeichnet Laplace die Befreiung des menschlichen Geistes aus den religiösen Fesseln des Mittelalters.

Im vorigen Kapitel wurde beschrieben, dass die großen Entwicklungsetappen der menschlichen Kultur mit dem Gang des Frühlingspunktes der Sonne durch den Tierkreis zusammenklingen. So hat die Sonne im

15. Jahrhundert bei Frühlingsbeginn das Zentrum der Fische erreicht und dadurch wird die einsetzende Kulturstufe als die Kulturepoche der Fische gekennzeichnet. Eine solche 2160 Jahre dauernde Kulturepoche ist astronomisch ein kosmischer Monat und kann demzufolge in vier kosmische Wochen von je 540 Jahren gegliedert werden. Zum Charakter der ersten «Woche» gehört es, dass die neue Bewusstseinsstufe nur von ausgezeichneten weitentwickelten Persönlichkeiten erreicht wird. Selbst Anfang des 20. Jahrhundert gab es noch eine Vielzahl von Menschen in Europa, für die die typischen Vokabeln des neuen Bewusstseins, wie «Sinnkrise», «Entwurzelung», «Auf nichts vertrauen als auf das Ich», Fremdwörter waren. Wie Leuchttürme zeigten aber eine Fülle von Genies in den letzten Jahrhunderten diesen Weg der menschlichen Kultur.

Seit Mitte des 20. Jahrhunderts hat nun die zweite Woche des Zeitalters der Fische begonnen. Das zeigt nicht nur die Rechnung (1400 oder 1450 + 540), sondern auch die Beobachtung: Zur ersten Woche gehört eine Fülle von kulturellen und geistigen Vorreitern: Leonardo da Vinci, William Shakespeare, Johann Wolfgang Goethe und viele andere. Gleich einsamen Leuchttürmen haben sie aus dem gemütvollen Mittelalter den Weg in die Aufklärung und Neuzeit geführt. Erst für die zweite Woche, die Mitte des 20. Jahrhunderts einsetzte, gilt, dass alle Menschen auf der Höhe ihrer Zeit leben bzw. leben können. Bis in die letzten Täler der Alpen, die abgelegensten Dörfer des ostpolnischen Urwalds oder das menschenarme Lappland: Überall hat die Gegenwart im Sinne des Fischezeitalters Einzug erhalten. Das ist die geistige Seite der Globalisierung: Für die zweite Woche dieser Kulturepoche, das heißt für das 20. bis 25. Jahrhundert gilt, dass die gesamte Menschheit diese Kulturstufe der persönlichen Freiheit erreichen kann. Was hierbei verloren gegangen ist, ist unübersehbar: die Leuchttürme. In der zweiten Woche fehlen die Genies. Stattdessen sind alle teilnehmenden Menschen gleichermaßen in der Lage, von der eigenen Unzulänglichkeit zu wissen und dennoch voranzuschreiten. Der erschütternde Satz Rudolf Steiners, dass für die Entwicklung der gesamten Welt großer Schaden entstehe, wenn ein einzelner Mensch seine Entwicklungspotentiale nicht ausschöpfe, gilt deshalb vor allem in dieser Zeit der Abwesenheit der führenden Persönlichkeiten. Die ähnliche Augenhöhe aller gibt unserer Zeit die besondere soziale Dimension.

Für unsere Zeit, für die zweite Woche der Kulturepoche der Fische, gilt, dass die gesamte Menschheit die Kulturstufe der persönlichen Freiheit erreichen kann.

«Wassermannzeitalter» – Was heißt das?

Wer im Herbst den Blick nach Südosten lenkt, findet dort das Tierkreisbild des Wassermanns. Man hat Mühe, in den vorhandenen Sternen ein deutliches Bild zu erkennen, so weit verteilt und scheinbar zufällig leuchten die zumeist wenig auffallenden Sterne. Schließlich bleibt das Auge jedoch oberhalb an einer kleinen, aber markanten, von vier Sternen gebildeten Wellenform hängen. Hier ist das Zentrum des Tierkreisbildes, von dem aus die Sterne sich in verschiedene Richtungen ausbreiten. Wenn man die Lichtgestalt dieses Bildes weiter untersucht, wird die Bedeutung der Wassermann-Welle immer klarer. Man spürt, dass man ohne diese Sternverdichtung wenig Veranlassung hätte, von einem gesamten Tierkreisbild zu sprechen, zu locker und gestaltlos sind die Sterne verstreut. Doch durch die Versammlung der vier Sterne wird das Bild zusammengehalten.

Dichtes Zentrum – weiter Umkreis, dieses Gestaltmotiv des Wassermanns ist im übertragenen Sinne aus dem menschlichen, sozial-psychologischen Bereich gut bekannt: Um sich fruchtbar in seiner menschlichen Umgebung entfalten zu können, sei es wahrnehmend oder aktiv handelnd, ist eine stabile seelische Mitte sehr wichtig. Sonst besteht die Gefahr, sich selbst zu verlieren. Doch man wird in diesem Fall nicht nur für sich selbst zum Problem, sondern auch für die Mitmenschen, denn nur der kann freilassend und ohne Eigennutz geben und schenken, der eine stabile Mitte besitzt. Dieses Spannungsfeld zwischen dem in sich ruhenden, festen Persönlichkeitskern und dem gleichzeitigen freien, spontanen Leben im Umkreis mit all seinen unerwarteten Überraschungen findet sich im Wassermann räumlich wieder.

Doch nicht nur die Formensprache des Sternbildes, sondern auch mit dem Begriff «Wassermann» ist diese Fähigkeit gemeint: Die Aufgabe des Wasserträgers war im Altertum, die Orte und Lebewesen zu finden, die Wasser brauchen und diese mit der richtigen Menge zu versorgen. Wer im Sommer bei großer Hitze Pflanzen gegossen hat und dabei mit dem Wasser haushalten wollte, kennt die typische Wassermann-Gemütsstimmung: Anteilnehmende Hilfe mischt sich mit konzentrierter Aufmerksamkeit.

In Bezug auf das Tierkreisbild, ist diese Haltung als prinzipielle Lebensausrichtung zu verstehen. Damit ist der umfassende Wandel im Verständnis des Menschen vom Herrscher über die Natur zum verantwortlichen Partner und Förderer der Natur gemeint.

Nun ist der Frühlingsort der Sonne im 20. Jahrhundert in das letzte Viertel der Fische gewandert und wird in etwa 550 Jahren den Wassermann erreichen. So wie die ägyptische Zeit viel mit dem Sternbild Stier, das klassische Griechenland entsprechend mit dem Widder zu tun hatte, ist anzunehmen, dass die skizzierten Wesenszüge des Wassermanns in den nächsten Jahrhunderten zunehmend unsere Kultur prägen werden, beziehungsweise prägen sollten. Obwohl es noch verfrüht ist, von einem bevorstehenden Wassermannzeitalter zu sprechen, so gilt doch, dass sich mehr und mehr von dem Kennzeichen des Wassermanns, des aktiv-schöpferischen Menschen, geltend macht. Interessant ist dabei außerdem, dass über und unter diesem Tierkreisbild am Nachthimmel zwei weitere Sternbilder sich auf das Schöpferische beziehen: unten ist es der Bildhauer und oben die markante quadratische Form des Pegasus, das geflügelte, die Kunst repräsentierende Pferd. So wie der Bildhauer die Willensseite der schöpferischen Tätigkeit zum Ausdruck bringt, bezieht sich der Wassermann auf das Mitgefühl und Pegasus repräsentiert das Schöpferische, das dem menschlichen Geist, dem Denken entspringt. Insofern sind in der Wassermannregion alle drei Bereiche des Seelenlebens vertreten: Bildhauer – Wille, Wassermann – Gefühl, Pegasus – Denken.

Von einer die ganze menschliche Existenz ergreifenden Verantwortung für die Mitwelt im Handeln, Fühlen und Denken ist unsere Kultur noch weit entfernt, aber nicht so weit, als dass sich das Ziel nicht bereits ahnen ließe. In 550 Jahren tritt der Frühlingspunkt in den Wassermann, doch erst nach weiteren tausend Jahren hat die Frühlingssonne das Zentrum des Wassermanns erreicht, was den eigentlichen Beginn dieser Ära markiert. So wie die Natur im Herbst die Knospen für den nächsten Frühling bildet, muss und wird schon jetzt die freie umfassende Verantwortung geübt. Doch das ist – wie der Wassermann selbst – oft unscheinbar.

Wer im Sommer bei großer Hitze Pflanzen gegossen hat und dabei mit dem Wasser haushalten wollte, kennt die typische Wassermann-Gemütsstimmung: Anteilnehmende Hilfe mischt sich mit konzentrierter Aufmerksamkeit.

Krise und Aufbruch –
Vom Rhythmus der Sonnenflecken

Eines der rätselhaftesten Phänomene der Sonne sind die zeitweiligen Verdunklungen auf der Sonnenoberfläche. Blickt man mit einem entsprechenden Filter auf die Sonne, erscheinen diese fleckenartigen Gebilde von 1000 km bis über 50.000 km Durchmesser als schwarze Einschlüsse, die strahlig in die Umgebung auslaufen.

Die dunkle Farbe täuscht jedoch, denn auch innerhalb der Flecken liegt die Temperatur der hauchdünnen Sonnensubstanz noch bei 4000° C und strahlt entsprechend hell. Gegenüber der Umgebung, deren Temperatur 6000° C beträgt, wirken die Flecken allerdings dunkel und kalt.

Heftige Strudel scheinen in den Flecken den Zufluss von «frischer» Wärme und Licht aus dem Innern der Sonne zu bremsen. Nach einigen Wochen oder Monaten lösen sich die Flecken wieder auf und es bilden sich an andern Orten neue aus. Die Sonnenflecken treten außerdem nicht gleichmäßig auf, sondern folgen einem langwelligen Rhythmus.

Durchschnittlich alle 11,1 Jahre zeigt sich auf der Sonne ein Maximum an Sonnenflecken. In den darauf folgenden Jahren klingt die Häufigkeit langsam ab und die Flecken verschwinden schließlich für einige Monate ganz.

Um Maximum und Minimum der Sonnenflecken wahrzunehmen, braucht man aber nicht unbedingt ein Fernrohr. Wer in Nordeuropa Polarlichterscheinungen verfolgt oder als Meteorologe sich für die Dicke der äußersten Lufthaut der Erde interessiert, der wird den gleichen 11-jährigen Rhythmus feststellen, denn das Polarlicht und die Dicke der Exosphäre stehen in unmittelbarem Zusammenhang mit den Sonnenflecken. Die Erde atmet im Rhythmus der Sonnenflecken.

Obwohl die junge Wissenschaft der Solarakustik enorme Erkenntnisse über die Sonne gewonnen hat und mittlerweile viel über im Sonnenkörper gefangene seismische Schallwellen zu sagen weiß, wird der 11-Jahresrhythmus kaum verstanden. Ein interessantes Indiz liefern jedoch die Planetenrhythmen. Fasst man die Bewegungen aller Planeten zusammen und ermittelt die durchschnittliche Umlaufsdauer, so kommt man zu besagten 11,1 Jahren als dem grundlegenden Bewegungspuls im Sonnensystem.

All diese Gemeinsamkeiten mit den Sonnenflecken können aber nicht verbergen, dass diese Flecken eine Krise für die Sonne bedeuten. Denn sieht man in der Sonne mehr als nur einen Fusionsreaktor, sondern eine geistige Entität, so entsteht ein dramatisches Bild: Ein Grundzug der Sonne ist, in nicht zu überbietender Beständigkeit die Erde und mit ihr das ganze Planetensystem über Jahrtausende mit Wärme und Licht zu versorgen. Die Sonnenflecken sind punktuelle Störungen dieses Licht- und Wärmeflutens und stellen – gerade zur Zeit des Maximums – diesen zentralen Wesenszug der Sonne infrage.

Die Vorstellung liegt nahe, die Flecken als Fremdkörper, als «Krankheit» der Sonne zu verstehen. Dass dies zu einfach ist, zeigt der irdische Blick: Eine Vielzahl von großen menschlichen Krisen fallen mit Maxima der Sonnenflecken zusammen. Dies gilt zum Beispiel für die Französische Revolution (1789), die deutsche Revolution (1848), den deutsch-französischen Krieg von 1870/71, die russische Oktoberrevolution im Jahr 1917 oder den Auftakt des Zweiten Weltkrieges (1938).

Hartmut Ramm konnte in seinem Buch *Der Sonne dunkle Flecken* zeigen, dass im 20. Jahrhundert in Russland fast alle sozialen Umwälzungen und Störungen des gesellschaftlichen Gefüges in Zeiten von Sonnenfleckenmaxima auftreten. Dies gilt beispielsweise für den Ungarnaufstand, den Prager Frühling oder den August-Putsch.

Nun sind es auch die großen Jugendbewegungen, die mit den Sonnenfleckenmaxima zusammenklingen. So fällt die studentische 68er-Bewegung ebenso auf einen Höhepunkt der Flecken wie auch die Friedensbewegung des Jahres 1979/80, aus der auch die Partei der Grünen hervorging, sowie der Mauerfall 1989.

Nimmt man den sozial-kosmischen Zusammenhang ernst, so kann der 11-Jahres-Rhythmus nicht als eindeutig «negativ» eingeordnet werden, denn viele der aufgeführten Ereignisse brachten Befreiung und Aufbruch und werfen damit ein interessantes Licht auf die Sonnenflecken: Der Vergleich klingt zu menschlich, aber vielleicht sind die Sonnenflecken tatsächlich Krankheiten der Sonne, Krankheiten, wie diejenigen des Menschen, die Krise und Aufbruch in sich vereinen, die das Bestehende in Frage stellen, um Neues wahrnehmen zu können.

Durchschnittlich alle 11,1 Jahre zeigt sich auf der Sonne ein Maximum der Sonnenflecken.

Das menschliche Maß der Planetenriesen

Bestimmte Naturerscheinungen sollte man erlebt haben, auch wenn sie sich durch Erzählungen oder Überlegungen ausmalen lassen, weil sie im Äußeren zeigen, was man als inneren seelischen Vorgang kennt. Ein brennender Strohhaufen beispielsweise gehört dazu, denn kaum ein Naturschauspiel illustriert so deutlich einen Prozess, der sich schnell und ausdrucksvoll entfaltet, aber ebenso schnell wieder verschwindet. Mit einem einzigen Streichholz lässt sich das Strohfeuer erzeugen, doch bald ist dies Feuer wieder «Schnee von gestern».

Entwicklungen und Veränderungen, die beständig sein sollen, benötigen am Anfang zwar leicht Entflammbares, das heißt Begeisterungsfähigkeit, aber um dauerhaft zu werden, brauchen sie langsames Feuer, innere Glut. Kosmologisch entsprechen dem Ersteren, also der Begeisterungsfähigkeit, Himmelskörper, die uns am unmittelbarsten begeistern: die Sternschnuppen.

Sie sind die kosmischen Vertreter des Neuen. Damit das Neue sich in der Welt verankern kann, braucht es eine Kraft, die sich nicht verausgabt – braucht es verhaltene Bewegung. Kosmische Repräsentanten für das

Prinzip, dass das Neue Dauer und Bewegung annimmt, sind die Himmelskörper, die so langsam ziehen, dass man sie leicht für Sterne hält und damit dem Bereich des Ewigen zuschreibt. Es sind dies die fernen großen Planeten Jupiter und Saturn und auch die Transsaturne Uranus, Neptun und Pluto. Diese drei Planeten hinter Saturn sind nicht mit bloßem Auge zu sehen, wobei Uranus ein Grenzfall ist: In einer absolut klaren Sternennacht, wenn man beispielsweise innerhalb des Kastens des Großen Wagens drei Sterne finden kann, dann ist es möglich, auch den türkisen Uranus ohne Fernglas zu entdecken. Auch zeitlich steht er auf der Grenze. Mit 84 Jahren Umlaufzeit umspannt er gerade ein Menschenleben. Rundet sich ein volles Menschenleben, so rundet sich auch der Lauf von Uranus. Neptun braucht fast die doppelte Zeit, nämlich 165 Jahre, und Pluto das Dreifache, also 248 Jahre. Diese Zeiträume übersteigen selbst biblische Menschenalter.

Der Lauf eines Planeten wird durch die zwölf Tierkreisbilder, durch die er wandert, gegliedert. Sie sind die Taktstriche in seinem Gang. Wie lange halten sich diese fernen Planeten durchschnittlich in einem Tierkreisbild auf? Die Rechnung ergibt 84 Jahre : 12 = 7 Jahre, bei Neptun entsprechend 14 Jahre und bei Pluto 21 Jahre. Innerhalb der menschlichen Entwicklungsschritte von 7, 14 und 21 Jahren durchwandern die Transsaturne jeweils die Strecke eines Tierkreisbildes. Auch Jupiter und Saturn fügen sich in dieses Bild: Jupiters Umlauf dauert zwölf Jahre, sodass er ein Jahr in einem Tierkreisbild verweilt, Saturns Lauf dauert 30 Jahre, entsprechend ist er 2,5 Jahre in einem Tierkreisbild zuhause. Diese fünf Zeitmaße markieren die wesentlichen Entwicklungsstufen, die in Kindheit und Jugend bis zur ausgereiften Persönlichkeit durchschritten werden.

Nach einem Jahr, einem «Jupitertakt», wird die Senkrechte erobert. Im freien Stehen macht die junge Seele einen gewaltigen Schritt auf dem Weg zur seelisch-geistigen Selbstständigkeit. Nach 2 bis 3 Jahren, das entspricht einem «Saturntakt», beginnen Kinder, sich als eigene Persönlichkeit zu erleben. Der persönliche Wille entfaltet sich, die Kleinen sagen «ich» zu sich. Mit der Schulreife im 7. Lebensjahr, wenn Uranus ein Tierkreisbild vorangeschritten ist, haben viele Wachstumsprozesse im Kind ihren Abschluss gefunden: Der Kopf ist von der fünfeckig anmutenden Schädelgestalt nun weitgehend rund geworden und das Gehirn kann von dem eines Erwachsenen kaum mehr unterschieden werden, auch die Wirbelsäule hat nun ihre geschwungene S-förmige Gestaltbildung gefunden. Mit etwa 14 Jahren, einem «Neptuntakt», entfalten sich die verschiedenen jugendlichen Gefühlsschichten. Zugleich wandelt sich das Antlitz vom kindlichen Ebenmaß zu einem individuellen charakterlichen Ausdruck. Schließlich vollendet sich mit 21, wenn Pluto ein Zwölftel des Tierkreises durchwandert hat, das leibliche Wachstum und zugleich bildet sich die Möglichkeit, den eigenen Persönlichkeitskern, das Ich, zum Führer der eigenen Gedanken, Gefühle und Taten werden zu lassen.

Im Pflanzenreich bedeutet langsames Wachstum Stabilität. Halme und Stängel wachsen in einem Monat einen Meter, Bäume brauchen für diesen Zuwachs ein Jahr oder mehr. «Eigenständigkeit braucht Langsamkeit». Jeder Baum ist sprichwörtliches Sinnbild dieses Satzes.

Indem die menschlichen Entwicklungszyklen mit den langsamsten Planetenzyklen korrelieren, scheint die Langsamkeit vollständig ausgereizt zu sein.

Entwicklungen und Veränderungen, die beständig sein sollen, benötigen am Anfang zwar leicht Entflammbares, das heißt Begeisterungsfähigkeit, aber um dauerhaft zu werden, brauchen sie langsames Feuer, innere Glut.

Der aufrechte Gang und das Weihnachtsfest

Wenn der Gleichgewichtssinn gestört wird, dann ist die typische Fallrichtung nach vorne. Deshalb sind die Verletzungen bei einem Sturz naturgemäß an Händen, Ellenbogen, Nase und Kinn zu finden und sehr selten auf dem Rücken oder Hinterkopf. Diese Tatsache überrascht, denn wer ein menschliches Skelett betrachtet, wird annehmen, dass beim Aussetzen des Gleichgewichtssinns der Sturz nach hinten droht, weil die Füße nach vorne zeigen.

In alten Stummfilmen findet man diesen rückwärtigen Fall eindrucksvoll inszeniert. Warum tritt er in der Wirklichkeit nicht auf? Tatsächliche Stürze demonstrieren, dass wir Menschen im Gegensatz zu Bäumen und Vierbeinern nur dadurch aufrecht stehen können, weil wir ständig verhindern, nach vorne zu fallen.

Die menschliche Senkrechte ist das Ergebnis ständiger Aktivität. Diese Tatsache lohnt sich zu verfolgen, weil sie ein anthropologisches Grundphänomen beinhaltet: Stehen heißt, ein Nach-vorne-Fallen zu verhindern. Unsere anatomische, das heißt natürliche Haltung zur Welt ist, auf sie zuzufallen, ihr «zugeneigt» zu sein. Diese körperliche Zuneigung wird durch das aufrechte

Stehen nun ständig zurückgehalten. Eine äußere Bewegung wird gehalten und gestaut. Sie ist damit ihrer Potenz nach immer noch vorhanden. Sie äußert sich nun aber nicht äußerlich, sondern im Innern. Indem leibliche Zuneigung zur Welt zurückgehalten wird, kann diese Zuwendung sich nun seelisch-geistig als Interesse und geistige Zuneigung entfalten. Physisches und Geistiges zeigen sich hier nicht als unvereinbare Gegensätze, sondern das Geistige bedingt das Körperliche. In dieser Kategorie gibt es einige Beispiele, von denen das großartigste der Zusammenhang von Sonnenlauf und Weihnachtszeit ist:

Seit dem Sommer sinken die täglichen Bögen der Sonne am Himmel. Im Herbst sind es jeden Tag 3 bis 4 Minuten, die die Tage kürzer werden, sodass über einen ganzen Monat die Nacht sich zwei Stunden vom Tag holt. Ab Anfang November, dem Winteranfang nach keltischer Kalenderrechnung, kommt dieser Prozess wieder zur Ruhe: es ist nur noch eine Stunde, und im Dezember sogar nur noch eine Viertelstunde, die die Dunkelheit zulegt. Natürlich gibt es elementare himmelsgeometrische Erklärungen für dieses Phänomen, aber viel wichtiger ist die Beobachtung und Erkenntnis, dass mit dem schwächer werdenden Sonnenlicht ein anderer Lichtprozess genau entgegengesetzt verläuft: Zum Herbst werden wir wacher für seelische Prozesse. Es ist das innere Licht, das seelische Licht, das mit Eintritt der dunklen Jahreszeit immer stärker zu leuchten beginnt. Wer unbefangen auf die Vorgänge in der Natur und in der menschlichen Seele schaut, wird der Vorstellung des Christentums, aber auch anderer Religionen, folgen können, dass sich die sichtbare Sonne zum Winter in eine unsichtbare, eine geistige Sonne wandelt. Das Weihnachtsfest ist deshalb ein Sonnenfest. Es ist das Fest der geistigen Sonne, die dann am reinsten erlebt werden kann, wenn die äußere Sonne am schwächsten ist, und das ist in den Nächten um die Wintersonnenwende der Fall.

Eingangs wurde erwähnt, dass sich die Tagesbögen der Sonne zum Herbstanfang schnell und dann immer langsamer senken. Eine scheinbar fernliegende Beobachtung, die täglich auf Bahnhöfen zu sehen ist, soll auf die innere Gestik dieses Naturprozesses hinweisen: Wenn zwei eng vertraute Menschen sich lange nicht begegnet sind, und dann, vielleicht sogar unerwartet, sich wiedersehen, so werden sie aufeinander zueilen, aber dann in den Schritten oft etwas innehalten, scheinbar zögern. Warum? Intuitiv wird die äußere Bewegung gehalten, um der seelischen Regung freien Lauf zu lassen. Im Schauspiel findet dieser Zusammenhang von Verlangsamung und geistiger Kraftschöpfung vielfältige Steigerungen.

Indem die Sonne ihr Schwinden zum Winter bremst, bekommt das Dunkelwerden dieser Jahreszeit, das Sterben der Naturprozesse eine Innenseite. Aus dieser Innenseite wächst das übersinnliche Licht, das dennoch ein wenig ins Sinnliche ragt: Kein Nachthimmel ist so übersät mit hellen Sternen, ist solch ein Fest von strahlenden Sternbildern, wie der Mitternachtshimmel der Weihnachtszeit.

Es ist das innere Licht, das seelische Licht, das mit Eintritt der dunklen Jahreszeit immer stärker zu leuchten beginnt.

Die zwei Sonnenwenden der Weihnachtszeit

Häufig ist es nicht Unkenntnis, sondern im Gegenteil gerade das sogenannte Wissen, die landläufigen Vorstellungen über die Dinge, die uns davon abhalten, die Wirklichkeit zu erfassen. Begriffe, Erklärungen oder Modelle über die Natur verstellen in diesem Sinne häufig den unbefangenen Blick auf die Erscheinungen. Jeder weiß, dass am 21. oder manchmal am 22. Dezember die Wintersonnenwende stattfindet. Die Sonne beschreibt an diesem Tag des astronomischen Winterbeginns ihren tiefsten Bogen, es herrscht die längste Nacht. Wer jedoch an diesem Tag mit dem spätesten Sonnenaufgang und frühesten Sonnenuntergang rechnet, irrt sich. Die Beobachtung zeigt nämlich, dass bereits Anfang Dezember, am 6., der früheste Sonnenuntergang stattfindet, dann elf Tage praktisch unverändert bleibt und ab dem 17. Dezember die Sonne wieder nach und nach später untergeht. Am Morgenhimmel sind die Verhältnisse umgekehrt: Erst eine Woche nach der Wintersonnenwende, um den 29. Dezember, findet der späteste Sonnenaufgang statt, der dann bis zum 5. Januar nahezu konstant bleibt. Statt einer theoretisch gültigen Wintersonnenwende vollziehen sich um das Weihnachtsfest herum zwei Sonnenwenden: vom 6. bis 17. eine abendliche Sonnenwende und vom 29. bis zum 5. Januar eine Morgensonnenwende.

Wie kommt es dazu? Den zwei verschobenen Sonnenwenden liegt die Tatsache zugrunde, dass die Tage im Jahreslauf nicht immer gleich lang sind. Während zum Herbstanfang die tatsächlichen Tage 20 Sekunden kürzer als die durchschnittlichen 24 Stunden dauern, sind sie ab Anfang Dezember umgekehrt eine viertel Minute länger. Diese feinen Unterschiede zwischen wirklicher Sonnenzeit und mechanischer Uhrzeit summieren sich in der Winterzeit im Februar auf über 16 Minuten, die die «schneller» laufenden Uhren dem wirklichen Tagesgeschehen vorausgehen. Im Spätfrühling und Herbst gleichen sich die Verhältnisse durch die kürzeren Tage wieder aus. – Nun knüpft das Weihnachtsfest zeitlich und auch geistig an die vorchristlichen Feste der Wintersonnenwende, die Feste der «sol invictus», der unbesiegten Sonne, an. Es ist damit, aber auch aus ureigenstem christlichem Verständnis, als Geburtsfest dessen, der das Licht bringt, ein Sonnenfest. Deshalb muss ihr Lauf ernst genommen werden. Das gilt umso mehr, als nun zwei weitere kosmische Ereignisse der Weihnachtszeit die beschriebenen Sonnenwenden betonen: Vom 6. bis 17. Dezember, also der Zeit der frühesten Sonnenuntergänge, erscheinen jährlich Sternschnuppenfälle, die nach denjenigen im August die höchste Fallrate mit bis zu 100 Schnuppen pro Stunde aufweisen. Nach ihrem scheinbaren Ursprungsort der Zwillinge werden sie die Gemeniden genannt. Aber auch die spätesten Sonnenaufgänge in der ersten Januarwoche werden von Meteorschauern betont. Es sind die Bootiden, die das Meteorjahr abschließen. Denn bis zum Juni bzw. August erscheinen nach diesen zweiten weihnachtlichen Sternschnuppen nun keine nennenswerten Sternschnuppenströme mehr.

Das eigentliche Weihnachtsfest des 24./25. Dezembers liegt nun genau zwischen diesen beiden von Sternschnuppen betonten Sonnenwendezeiten, die vom 6. Dezember bis 6. Januar einen Monat umspannen. Abendliche Finsternis geht dem Fest voraus, und morgendliche Finsternis folgt bis zum Ende der Weihnachtszeit am 6. Januar. Doch was unterscheidet die Abendfinsternis von der Morgenfinsternis?

In den Wochen der Advents- und Weihnachtszeit kann die persönliche Empfindung befragt werden, ob die alten christlichen Vorstellungen zutreffen, dass mit einem Verdunkeln des Abends die Fragen und Zweifel drängender und existenzieller werden und mit einem Vorrücken der Nacht in den Morgen die leisen Antworten, die die Nacht uns schenkt, tiefer und rätselvoller werden.

falter : Wege der Seele – Bilder des Lebens

30 Der siebenfache Flügelschlag der Seele
Leben mit dem Rhythmus der Woche
von Wolfgang Held

31 Finde dich neu
Sechs Stufen zu einem kreativen Leben
von Michael Lipson

37 Hetze und Langeweile
Die Suche nach dem Sinn des Lebens
von Olaf Koob

43 Alles ist Zahl
Was uns die Zahlen 1 bis 31 erzählen
von Wolfgang Held

46 Im Zeichen des Tierkreises
Leben mit den Sternen
von Wolfgang Held

49 Seitenblicke
Die Liebe zum Leben
von Brigitte Werner

50 Das A und O des Lebens
Vom innerlich werdenden Menschen
von Jean-Claude Lin

Verlag Freies Geistesleben
Bücher für den Wandel des Menschen